Zauberbühne Oper

Layout und Gestaltung: Hans Poppel
Abbildungs- und Fotonachweis s. S. 124
Printed in Germany
ISBN 3-7707-6259-2

Dorothée Kreusch-Jacob

Zauberbühne Oper

Was Kinder vor und hinter den Kulissen erleben

Mit 67 Illustrationen von Hans Poppel
und 42 Fotos

Vorwort von Wolfgang Sawallisch

Ellermann Verlag

EIN OPERNBUCH FÜR KINDER

Eine köstliche und zugleich kostbare Idee!!
Mit diesem Buch werden die wahren Gefühle für unsere Oper wachgerufen. Was »hinter den Kulissen« sich abspielt, wieviel Vorarbeit, wieviel Beschäftigung mit Dutzenden nicht in Erscheinung tretender Kleinigkeiten nötig sind – wer weiß das schon. Sicher – es soll auch nicht nach außen sichtbar werden, aber es schadet auch nicht, wenigstens ein bißchen Ahnung zu haben von all den Problemen, manchmal auch Schwierigkeiten, bis eine Opernaufführung zustande kommt. Es ist nicht unwichtig, Bescheid zu wissen, wie viele Faktoren zusammenspielen müssen, um eine Aufführung auf die Bühne zu stellen, die über das Medium der Musik, des Gesangs, des sichtbaren Teils des Bühnenbilds, der Aktion der singenden Schauspieler den Zugang zum Herzen des Hörers findet, eine bleibende Erinnerung hinterläßt und ihn veranlaßt, heut oder morgen erneut den Weg in die Oper zu wählen. Gerade hier setzt dieses Buch ein – so finde ich – und es setzt vortreffliche Maßstäbe: Es spricht junge Menschen, Kinder an, erläutert, führt ein, macht »Merkwürdiges« verständlich und es macht – NEUGIERIG. Neugierig auf das Erlebenkönnen und -wollen einer oftmals als geheimnisvoll beschriebenen Kunst, die aber doch so wichtig ist für unser Leben, für unsere Gesellschaft, für unsere kulturelle Weltgeltung.
Neue Generationen werden angegangen und interessiert.
Ich kann nur weiteste Verbreitung wünschen und mich darüber hinaus aus tiefstem Herzen freuen, daß gerade unser herrliches Münchner Opernhaus vor und hinter den Kulissen gezeigt wird und somit nicht nur das einmalige Gebäude, sondern auch seine künstlerische Weltgeltung damit dokumentiert werden.
Also: »Let's Make an Opera!«

Wolfgang Sawallisch

AN ALLE KLEINEN UND GROSSEN LESER

Zutritt verboten! So stand am Hintereingang des kleinen Theaters geschrieben. Wieder einmal war eine Wanderbühne durch die schwäbische Kleinstadt gekommen, in der ich geboren und aufgewachsen bin. Es sollte die »Zauberflöte« von Mozart aufgeführt werden. Aber für eine Karte reichte mein Taschengeld damals nicht. Also blieb mir nur der Hintereingang. Mit klopfendem Herzen schlich ich mich über Treppen und Gänge. Ängstlich wich ich jedem Geräusch aus. Als sich Schritte näherten, öffnete ich die nächste Tür. Ein schmaler Steg lag vor mir im Halbdunkel. Unter mir sah ich die Bühne. Dort wurde gerade geprobt. Ich kroch ein Stück und blieb auf dem Bauch liegen. Und so kam es, daß ich meine erste Oper aus der Vogelperspektive miterlebte, ängstlich und neugierig zugleich. – Kein Sänger, nicht einmal der Vorhangzieher oder der Beleuchter hat das Kindergesicht über der Bühne entdeckt.

Viele Jahre sind seither vergangen. Inzwischen habe ich so manche Oper gesehen. Wie sich's gehört, vom Zuschauersitz aus! Während meines Musikstudiums konnte ich meine Bekanntschaft mit der Oper noch vertiefen. Und in meinem Beruf erzählte ich das alles den Kindern weiter. Aber das, was ich studiert hatte, reichte nicht aus, um alle neugierigen Fragen zu beantworten. Ich machte mich also von neuem auf die Suche – und zwar mit den Kindern. Wir sahen uns Aufführungen an und besuchten Proben. Wir schauten uns hinter den Kulissen um und fragten die Leute in den Büros und Werkstätten. Und eines Tages fragten wir auch den Regisseur Peter Rasky. Er erzählte uns von einer Inszenierung an der Bühne des Dortmunder Opernhauses. Dort studierte er zusammen mit Kindern eine Kinderoper ein. Seine Erlebnisse bilden den Rahmen der folgenden Geschichte.

So ist dieses Buch in der gemeinsamen Arbeit mit Erwachsenen und Kindern entstanden. Fragen und Antworten, Sehen und Horchen, Zuschauen und selber Spielen ... das alles brachte uns ein Stück dem Musiktheater näher. Dasselbe wünsche ich auch all den kleinen und großen Leuten, die dieses Buch lesen!

Dorothée Kreusch-Jacob

Probesingen

Eines Tages stehen ein paar Kinder vor dem Künstlereingang des Opernhauses einer großen Stadt in Deutschland. In der Zeitung hatte gestanden, daß eine Oper von Benjamin Britten auf den Spielplan gesetzt werden sollte. Und für diese Kinderoper brauchte man Schauspieler und Sänger, nicht älter als höchstens 14 Jahre. Keine Sängerknaben, keine Stubenhocker und musikalischen Alleskönner, nur ein paar Kinder, die singen können. Kinder, die es sich zutrauen, bei einer Oper mitzuspielen. Wer Lust hat, kann sich melden. Probesingen um 15 Uhr!

Dieses Probesingen findet vor dem Regisseur und dem Dirigenten statt. Um den Kindern etwas von ihrem Lampenfieber zu nehmen, erzählt ihnen der Regisseur Peter Rabe erst einmal, worum es in Benjamin Brittens Kinderoper eigentlich geht. »Diese Oper handelt von ein paar Kindern, die auf die Idee kommen, selbst eine Oper zu machen. Zunächst gehen sie auf die Suche nach einer Geschichte. Dabei stoßen sie auf die Erzählung vom kleinen Kaminfeger. Sie spielt zu einer Zeit, in der in England Kinder als billige Arbeitskräfte eingesetzt wurden. Der achtjährige Sam muß bei einem Schornsteinfeger hart arbeiten. Dort passiert eines Tages etwas Aufregendes …

Die Kinder können sich gut vorstellen, wie aus Sams Abenteuern ein Theaterstück wird. In ihrer Phantasie werden Bilder, Farben und Klänge wachgerufen. Am liebsten würden sie sofort mit verteilten Rollen zu spielen anfangen. Was nun aus dieser Geschichte wird, schildert Benjamin Britten in seiner Kinderoper. Und die Kinder, die Schritt für Schritt ›ihre‹ Oper vorbereiten, proben und schließlich sogar aufführen – seid jetzt ihr! Einige von euch sollen später diese Rollen spielen.«

Als Peter Rabe mit seiner Erzählung zu Ende ist, schaut er sich im Kreis der mutigen Bewerber um. Seine Zuhörer sind begeistert. Fast haben sie vergessen, daß sie zum Probesingen hergekommen sind. Und das ist doch schwieriger, als es sich manches Kind so am Anfang vorgestellt hat. Denn hier geht es nicht allein um Singen, sondern auch um Theaterspielen. Außerdem müssen Stimme und Typ des Kindes genau zu der Rolle passen.

Wie schwierig es oft ist, die ideale Besetzung für eine Rolle zu finden, zeigt sich bereits bei Jakob. Der schwarzhaarige, kräftige Jakob scheint für eine Hauptrolle wie geschaffen. Lampenfieber kennt er nicht! Er stellt sich einfach hin und singt seelenruhig sein Lied. Dann verwickelt ihn der Regisseur Peter Rabe in eine kleine Spielszene. Auch diese glückt Jakob. Man merkt ihm an, daß er gerne Theater spielt. Die beiden Herren nicken anerkennend. Da hatte sich wohl unter all die Kinder ein Alleskönner eingeschlichen?

Aber leider ist Jakob für die Hauptrolle doch nicht geeignet. Für den kleinen Kaminfeger Sam braucht man ein schmales und eher schüchternes Kerlchen. Da nützt weder eine gute Stimme noch schauspielerische Begabung. Jakob muß eine andere Rolle bekommen, die besser zu ihm paßt.

Anders geht es der kleinen Sophie. Am liebsten würde sie sich verkriechen. Wie dieser Jakob sang und spielte! Sie ist aufgeregt. Ihre Hände sind feucht. Nun hat sie auch noch den Anfang ihres Liedes vergessen. Der Dirigent bemerkt ihre Aufregung und setzt sich ans Klavier. »Sing doch einfach etwas anderes«, ermuntert er sie. Er spielt ein paar Takte eines bekannten Kinderliedes. Erst singt er leise mit, damit Sophie sich nicht so allein fühlt. Dann singt Sophie weiter. »Bravo, Sophie, du singst sehr schön!« lobt sie der Dirigent. Da ist ihre Angst wie weggeblasen. Zusammen mit Mischa spielt sie eine kurze Szene in der Eisenbahn. Mischa spielt einen älteren Herrn. Sophies kleiner Hund, den es in Wirklichkeit gar nicht gibt, macht ihm sehr zu schaffen. Mühelos gelingt es den beiden, ihr Publikum zum Lachen zu bringen. Als der Regisseur unterbricht und Sophie eine Rolle anbietet, weiß sie, daß sie das auch Mischa, dem ›älteren Herrn‹ verdankt.

Was er denn einmal werden möchte, fragt ihn der Dirigent. »Clown«, sagt Mischa und lacht. Er singt gerne, das hört jeder. Doch mit Takt

und richtigen Noten steht er auf Kriegsfuß. Auch das hört man. Leider! Das Schlimmste an der Sache ist, daß es Mischa nicht einmal merkt. Der Dirigent würde also seine liebe Not mit ihm haben. Dirigent und Regisseur sind sich einig, daß Mischa trotzdem mitspielen sollte. Peter Rabe überlegt. Ob sich nicht doch noch eine Rolle für Mischa finden ließe?

Aber zunächst muß der Regisseur ein schwierigeres Problem lösen. Für die wichtigste Rolle im Stück ist noch immer kein Kind gefunden. Deshalb muß ein zweites Probesingen veranstaltet werden, bis man schließlich einen Jungen entdeckt, der den kleinen Kaminfeger Sam spielen kann. Er heißt Simon. Zart und fast scheu sieht er aus. Auf den ersten Blick würde ihm keiner den Mut zutrauen, eine Hauptrolle zu singen und zu spielen. Aber Peter Rabe ist überzeugt, daß Simon es schaffen wird.

Bald trifft sich Peter Rabe mit den ausgewählten Mitspielern zu einer ersten Besprechung. Auch Mischa ist dabei. Peter Rabe hat ihn noch einmal eingeladen, zusammen mit ein paar Kindern, bei denen es mit dem Probesingen auch nicht so recht geklappt hat. Ihnen macht er nun das Angebot, ihre ›Rolle‹ nicht auf der Bühne, sondern hinter den Kulissen zu spielen. Mischa darf beim Bühnenbild helfen, Moritz wird den Vorhang bedienen und Jenny soll mit einem Beleuchter zusammenarbeiten. Sascha darf im Souffleurkasten ›einblasen‹, falls ein Mitspieler in der Aufregung seinen Text vergißt. Wie die Kinder das alles machen sollen, werden ihnen die Leute, die hinter den Kulissen arbeiten, erklären. So können alle Schritt für Schritt die Entstehung ›ihrer‹ Aufführung verfolgen und mitgestalten.

Begeistert sind die Kinder bei der Sache. Und Peter Rabe hat das sichere Gefühl, daß sie gut miteinander arbeiten und spielen werden – vor und hinter den Kulissen. Zunächst drückt er jedem Kind ein Textbuch in die Hand.

Jede Oper braucht ein Textbuch. Mit einer Geschichte allein ist es nämlich noch nicht getan. Für ein Musiktheater muß sie erst umgeschrieben werden. Und zwar so, daß Text und Musik zueinanderpassen. Deshalb nehmen sich Textdichter und Komponist vor, von Anfang an eng zusammenzuarbeiten. Lange und intensiv denken sie über die Form des Stücks und über jede einzelne Figur nach, bis schließlich die Handlung klar und verständlich geworden ist. Das alles wird im Textbuch festgehalten. Dort baut der Textdichter außerdem alle musikalischen Vorstellungen und Wünsche des Komponisten ein.

Damit der Komponist das Textbuch vertonen kann, wird sich der

Textdichter auch um eine Sprache bemühen, die ›musikalisch‹ klingt. Er muß Sätze verändern und Reime solange schleifen, bis sie sich gut singen lassen.

Schließlich ist aus einer kurzen Geschichte ein Operntext geworden, der ein ganzes Büchlein füllt. Es wird *Libretto* genannt (ital. ›kleines Buch‹). Das Libretto der Kinderoper sieht jedoch anders aus als gewöhnliche Opern-Textbücher. Hier wird in den beiden ersten Akten nur gesprochen. Im 1. Akt spielen die Kinder, wie sie ihre Oper planen. Im 2. Akt wird geprobt. Erst der 3. Akt ist die eigentliche Oper. Jetzt wird die Geschichte ›Vom kleinen Kaminfeger‹ gespielt und gesungen.

Die Geschichte vom kleinen Kaminfeger

Nahe am Ufer eines Flusses lag einsam ein altes englisches Landhaus. Es war umgeben von riesigen Bäumen. Jede Nacht hörte man die Eulen schreien.
Im Winter des Jahres 1810 war Besuch ins Landhaus gekommen. Ein paar Vettern und Cousinen aus der Stadt. Ein junges Kindermädchen, mit dem sich alle gut verstanden, war auch dabei. Nur die Haushälterin, Fräulein Bagott, mochten die Kinder nicht, denn sie meckerte über alles und jeden. Eines Tages, die Ferien gingen schon dem Ende zu, kamen Schornsteinfeger ins Haus, um die Kamine zu reinigen. Nun hatten zu jener Zeit in England die Häuser auf dem Lande große, offene Kamine und gewundene, enge Schornsteine aus Ziegelstein. Es war schwer, sie sauberzumachen. Dafür hatten der Schornsteinfeger und sein Geselle einen kleinen Gehilfen mitgebracht. Er hieß Sam und war erst acht Jahre alt. Sein Vater war ein armer Fuhrmann und hatte eines seiner vielen Kinder an den Schornsteinfeger verkauft. Der kleine Sam mußte also Tag für Tag in die engen Schornsteine steigen und den Ruß herunterkratzen.
An jenem eiskalten Wintermorgen begann der Tag für Sam wie jeder andere. Der Schornsteinfeger und sein Geselle zogen ihm fast alle Kleider aus und banden ihm einen Strick um den Bauch, damit sie ihn

notfalls wieder aus dem Schornstein herausziehen konnten. Dann jagten sie den armen Kerl den engen Schornstein hinauf. Sie selbst hatten am Kamin im oberen Stockwerk zu tun.
Sam fing an, den Ruß abzukratzen. Dabei kletterte er höher und höher. Ruß flog ihm ins Gesicht, so daß er husten mußte und kaum noch Luft bekam. Weiter oben wurde der Schornstein immer schmaler. Plötzlich blieb Sam stecken. Er konnte weder vor noch zurück. Erschrocken schrie er um Hilfe. Gottseidank hörten ihn die Kinder. Sie rannten zum Kamin und sahen gerade noch das Ende des Stricks baumeln, der um Sams Bauch gebunden war. Eines der Kinder zog, so fest es nur konnte, bis Sam schließlich in einer Wolke von Ruß und Dreck herunterfiel.
Da standen nun die sauber angezogenen Kinder vor dem rußigen Sam. Der lag da und schrie. Alle Knochen taten ihm weh. »Bitte, nicht mehr an das Seil!« Das war alles, was man aus ihm herausbringen konnte.
Die Kinder beschlossen, dem kleinen Sam zu helfen. Und zwar so schnell wie möglich. Denn jeden Augenblick konnten die Schornsteinfeger herunterkommen. Auch die Haushälterin durfte nichts erfahren. Was tun? Auf einmal kam ihnen ein rettender Gedanke. Sie ließen Sam bis hin zum Fenster rußige Spuren auf dem Fußboden machen. Der Schornsteinfeger und sein Geselle sollten glauben, er sei ihnen davongelaufen.
Jetzt mußten sie ihn rasch verbergen, vor allem vor Fräulein Bagott. Bis zu ihrer Heimreise versteckten sie Sam im Spielzeugschrank. Eine ganze Nacht und einen Tag mußte er dort aushalten! Zwischendurch badeten ihn die Kinder heimlich. Sie zogen ihm saubere Kleider an und gaben ihm zu essen. Vor ihrer Abfahrt schließlich schmuggelten sie ihn unter Fräulein Bagotts Augen aus dem Haus. In einem großen Koffer wurde er zur Kutsche getragen. Das nette Kindermädchen hatte natürlich mitgeholfen. Erst als das Haus außer Sichtweite war, durfte Sam aus seinem Versteck kriechen. Es wurde eine lange und lustige Reise. Ein Onkel der Kinder war schließlich bereit, den kleinen Sam als Gärtnerlehrling bei sich zu behalten. Offenbar hat es ihm dort gefallen, denn er ist viele Jahre lang bei ihm geblieben.

Wie entsteht eine Aufführung?

WIR MACHEN EINE OPER steht auf dem Textbuch in großen Buchstaben. Als ob Opernmachen die einfachste Sache der Welt wäre! Dabei weiß keines der Kinder, wie eine Opernaufführung eigentlich zustande kommt. Viele Fragen tauchen auf. Peter Rabe nimmt sich Zeit. Er erinnert sich, wie lange er selbst gebraucht hat, ehe er die Zusammenhänge in einem Opernhaus verstanden hat.
»In der Regel sind bis zu tausend Menschen in einem großen Opernhaus beschäftigt«, erzählt Peter Rabe. »Viel mehr, als ihr während einer Vorstellung auf der Bühne zu sehen bekommt. Alles hängt vom Zusammenspiel der Menschen vor und hinter der Bühne ab. Damit nicht am Ende ein großes Verwirrspiel herauskommt, geht im Theater alles nach Plan. Vom Starsänger bis zur Garderobenfrau, vom Dirigenten bis zum Bühnenarbeiter laufen die Fäden. Schließlich soll in jeder Aufführung alles ›wie am Schnürchen‹ klappen.«
Am besten lassen sich die Vorbereitungen für eine Aufführung mit einem Webrahmen vergleichen. Viele verschiedenfarbige Fäden verflechten sich ineinander. Und am Ende entsteht ein dichtgewobenes, buntes Muster.
Bevor nun auch die Kinder an diesem Muster mitweben, erfahren sie, daß schon vor dem Probesingen einige Leute am Werk waren. Erst einmal mußte jemand auf den Gedanken kommen, Benjamin Brittens Kinderoper auf den Spielplan des Opernhauses zu setzen. Diesen Einfall hatte der *Intendant.* Er leitet das Opernhaus, beschafft das Geld, das man für eine so große Organisation braucht, und engagiert die Künstler. Bevor er eine Oper auf den Spielplan setzt, überlegt er, wer diese Inszenierung machen soll. Dazu braucht er einen Regisseur, einen Dirigenten und einen Bühnenbildner. Sollte einer von ihnen nicht fest an seinem Theater engagiert sein, so kann er ihn als ›Gast‹ für die neue Einstudierung verpflichten.

STAATSOPER
SPIELPLAN
12
13
14
15
16
17
18

Meist kennen sich diese drei Personen schon. Sie wissen, ob sie gut zusammenarbeiten können. Die gleiche Wellenlänge zwischen ihnen ist eine der wichtigsten Voraussetzungen für eine gute Inszenierung. Denn Schauspiel, Musik und Bühnenbild spielen in der Oper eine gleichbedeutende Rolle.
Der *Regisseur* ist verantwortlich für das Spiel auf der Bühne. Er plant die einzelnen Szenen und richtet das Geschehen auf der Bühne nach seinen Ideen und Angaben ein. Peter Rabe weiß, wie schwer es auch erfahrenen Sängern fällt, gleichzeitig zu singen und zu spielen. Alle Proben auf der Bühne wird er selbst leiten.

Der *Dirigent* ›gibt den Ton an‹. Die Musik der Oper erklingt nach seinen Vorstellungen. Mit seinem kleinen Dirigentenstab bestimmt er nicht nur den Ablauf der Musik, sondern auch den Ablauf und das Spieltempo auf der Bühne, je nachdem, ob er die Musik etwas schneller oder langsamer dirigiert. Jeder Darsteller, sogar die Bühnenarbeiter und Beleuchter müssen sich auf dieses Tempo einstellen. Auch das Zusammenspiel von Sängern, Chor und Orchester liegt in der Hand des Dirigenten.

Der *Bühnenbildner* gestaltet die Bühne. Mit Licht und Farben, Kulissen und Kostümen entwirft er die Zauberwelt, in der sich die Geschichte einer Oper abspielt.
Außer diesem Dreierteam, das für alles verantwortlich ist, was der Zuschauer auf der Bühne hört und sieht, gibt es noch eine andere wichtige Person am Opernhaus. Es ist der *Dramaturg.* Er muß sich bereits mit dem neuen Stück befassen, bevor es endgültig auf den Spielplan gesetzt wird. Daß seine Arbeit am Theater mit den Werken selbst zu tun hat, verrät schon sein Name. Das Wort Drama ist darin versteckt, was nichts anderes als Bühnenstück bedeutet. Der Dramaturg weiß über das Stück, über den Komponisten, den Textdichter, über die Entstehungszeit und auch über frühere Aufführungen genau Bescheid.

Außerdem ist er mit allen Möglichkeiten seines Theaters vertraut. Er kennt jeden Sänger, weiß, wie viele Mitglieder der Chor hat, wie groß die Bühne ist und welche technischen Mittel für eine Aufführung zur Verfügung stehen. Ob nun eine Oper aus einer fremden Sprache übersetzt wird, ob man sie kürzt oder mit ein paar Kunstkniffen bühnenwirksamer macht, überall redet der Dramaturg mit. Gleichzeitig paßt er aber auch auf, daß das Stück ›werkgetreu‹ aufgeführt wird.
Für die Zuschauer stellt der Dramaturg ein leicht verständliches Programmheft zusammen. So können sie einiges über das Werk selbst und über die Mitspieler erfahren.

Als Verbindungsmann zwischen Theater und Öffentlichkeit spricht der Dramaturg auch die Kritiker der Zeitungen an. In größeren Opernhäusern gibt es außer ihm noch einen *Pressesprecher.* Ihm stehen das Pressebüro, ein großes Fotoarchiv und Fotografen zur Verfügung. So ist es möglich, durch Zeitungsartikel, Schaukästen und Plakate die Verbindungsfäden nach ›draußen‹ zu ziehen und die Leute in der Stadt auf eine neue Aufführung aufmerksam zu machen.

Aber bis zur Aufführung der Kinderoper werden noch mehrere Wochen vergehen. Zu den wenigen Menschen, die zunächst planen und entwerfen, kommen dann die vielen Mitarbeiter hinzu, die Schritt für Schritt das Geplante in die Wirklichkeit umsetzen. Es werden Kostüme genäht, Kulissen gemalt, Bühnenmaschinerie und Beleuchtung ausprobiert. Gleichzeitig werden aber auch schon die Rollen einstudiert und die ersten Orchesterproben abgehalten.

Mehr will Peter Rabe den Kindern vorerst nicht verraten. Jakob, Sophie, Mischa und ihre Freunde planen in der nächsten Zeit

Besuche in den Büros, im Orchestergraben, auf der Bühne, in den Werkstätten und in den Probenräumen. Dort werden sie Antwort auf viele Fragen finden.
Zunächst müssen sich die Kinder aber erst einmal genauer mit dem Textbuch zu ihrer Kinderoper befassen. Dabei stellt sich allerdings heraus, daß sie mit dem Text allein nicht allzuviel anfangen können. Denn da ist von Kindern die Rede, die alles selber machen müssen. Jakob, Sophie, Simon und die anderen Kinder aber werden dieses Stück an einem großen Theater aufführen. Und dafür steht ihnen der ganze Apparat des Opernhauses zur Verfügung.
Peter Rabe und die Kinder beschließen, den Text zunächst nicht Wort für Wort auswendig zu lernen, so wie es im Textbuch steht. Sie ändern das Stück, wie es zu ihnen und ihrer Aufführung paßt. Benjamin Britten hätte sicherlich nichts dagegen gehabt. Wahrscheinlich hätte er sich gefreut, daß Kinder seine Kinderoper an einem Opernhaus aufführen, an dem sonst nur Erwachsene spielen.
Ab jetzt heißt es proben, proben und nochmals proben ... Und diese Proben sollen viel Spaß machen. Wenn dann der Tag kommt, an dem die kleinen Sänger bei der Aufführung auf der Bühne stehen, soll alles so aussehen, als wären sie richtige kleine Schauspieler. Keiner wird sein Lied steif heruntersingen oder ängstlich zum Dirigenten schielen.

Hinter dem Vorhang

Heute abend darf Moritz eine Opernaufführung hinter dem Vorhang miterleben. Er steht auf der Bühne und späht durch ein kleines Loch im Vorhang. Langsam füllt sich der Zuschauerraum mit Menschen. Ihre Stimmen klingen wie ein summender Bienenschwarm.
Herr Pichler, zu dessen Aufgaben es gehört, den Vorhang zu bedienen, ist früher als sonst ins Theater gekommen. Er möchte Moritz noch einiges zeigen und erklären. Denn bald soll Moritz selbst diese Aufgabe in der Kinderoper übernehmen. Moritz hat seine Augen und Ohren überall. Er erfährt, daß es außer dem roten *Hauptvorhang* mit dem Guckloch noch andere Vorhänge gibt.
Er beobachtet, wie der *eiserne Vorhang* kurz heruntergelassen und wieder hochgezogen wird. Als Feuerprobe sozusagen. Denn falls wirklich einmal auf der Bühne Feuer ausbrechen sollte, muß der

eiserne Vorhang funktionieren. In Sekundenschnelle wird er dann zur feuerfesten Trennwand zwischen Bühne und Zuschauerraum.
Bis zu Beginn der Aufführung ist auf der Bühne was los! Das Bühnenbild braucht noch ein paar letzte Handgriffe. Bühnenarbeiter laufen hin und her. Währenddessen ist der *Schallvorhang* heruntergelassen. Diese ›Schalldecke‹ schluckt alle Geräusche, die nach draußen in den Zuschauerraum dringen könnten.
Herr Pichler zeigt nach oben. »Dort über der Bühne hängen noch andere Vorhänge. *Spielvorhänge* zum Beispiel, die mit großen Schriftzügen oder farbigen Bildern die Zuschauer auf die Oper einstimmen. Es gibt Vorhänge aus zartfarbigem Schleierstoff oder auch Vorhänge, die aussehen, als wären sie aus kostbarem Material. Sie sind in üppige Falten gelegt und mit seidenen Kordeln zusammengerafft. Und wenn du mit der Hand darüberstreichst, merkst du, daß sie alle nur kunstvoll bemalt sind«, erklärt Herr Pichler.

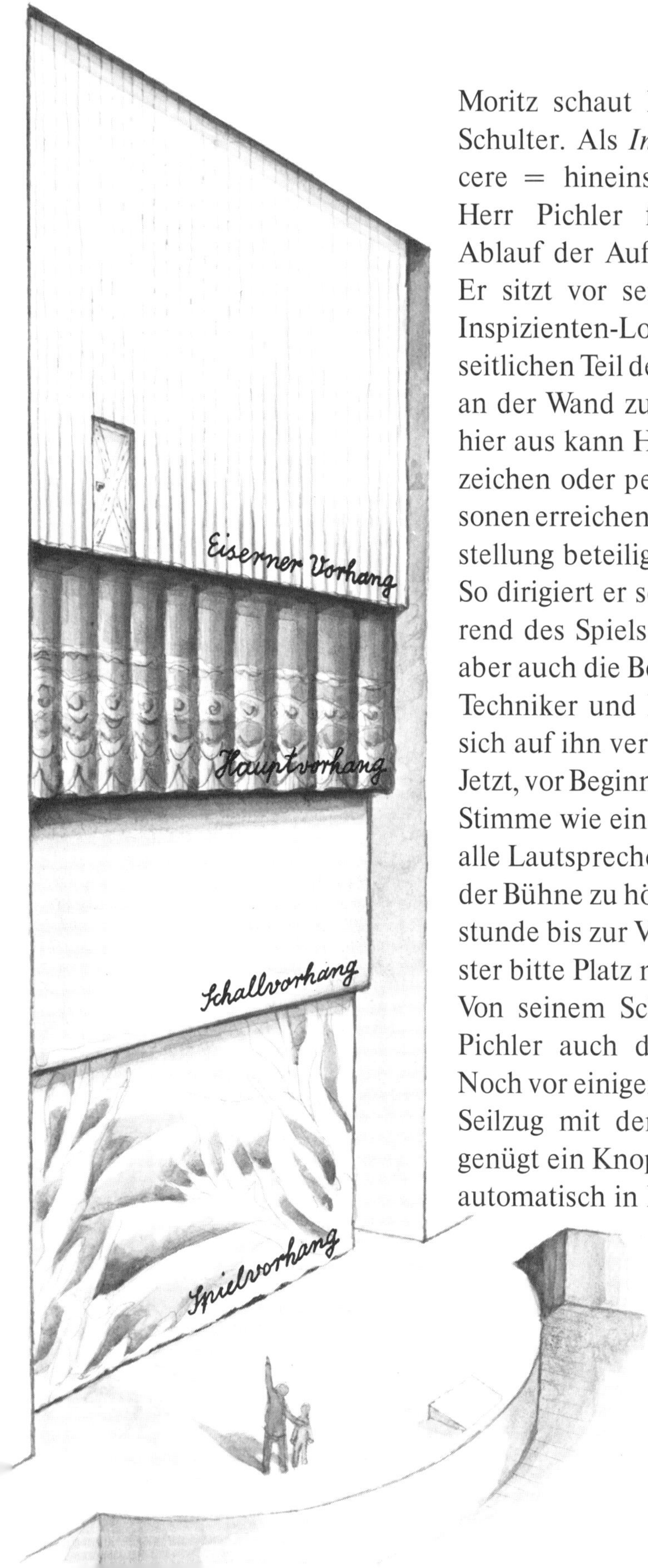

Moritz schaut Herrn Pichler über die Schulter. Als *Inspizient* (von lat.: inspicere = hineinsehen, überwachen) ist Herr Pichler für den reibungslosen Ablauf der Aufführung verantwortlich. Er sitzt vor seinem Schaltpult in der Inspizienten-Loge, die sich im vorderen, seitlichen Teil der Bühne befindet, direkt an der Wand zum Zuschauerraum. Von hier aus kann Herr Pichler durch Lichtzeichen oder per Lautsprecher alle Personen erreichen, die an der heutigen Vorstellung beteiligt sind.

So dirigiert er schwierige Einsätze während des Spiels. Sänger und Darsteller, aber auch die Beleuchter, Maschinisten, Techniker und Bühnenarbeiter können sich auf ihn verlassen.

Jetzt, vor Beginn der Vorstellung ist seine Stimme wie eine sprechende Uhr durch alle Lautsprecher in den Räumen hinter der Bühne zu hören. »Noch eine Viertelstunde bis zur Vorstellung. – Das Orchester bitte Platz nehmen!«

Von seinem Schaltpult aus kann Herr Pichler auch die Vorhänge bedienen. Noch vor einiger Zeit wurden sie alle per Seilzug mit der Hand bedient. Heute genügt ein Knopfdruck, um den Seilzug automatisch in Bewegung zu setzen.

So sieht der Arbeitsplatz des Inspizienten aus.

Manchmal jedoch muß der Vorhang mit besonderem musikalischem Fingerspitzengefühl bewegt werden. Was tun, wenn genau beim Schlußakkord der Vorhang geschlossen sein soll? In einem solchen Fall braucht Herr Pichler einen Helfer, der den alten Seilzug mit der Hand bedient. Ob langsam oder schneller, das kommt ganz auf die Musik - und auf das musikalische Gehör des Vorhangziehers an.
Jetzt kann Moritz bereits das Stimmen der Instrumente aus dem Orchestergraben hören. Bald wird das Orchester mit dem Vorspiel beginnen. Herr Pichler wirft einen prüfenden Blick auf die Bühne. Alles in Ordnung? scheint dieser Blick zu fragen. Die Arbeit auf der Bühne ist beendet. Kein Bühnenarbeiter ist mehr zu sehen. Alles ist mäuschenstill. Jetzt läßt Herr Pichler langsam und lautlos den Schallvorhang hoch. Man braucht ihn nicht mehr.
Der rote Hauptvorhang vorne an der Rampe ist immer noch geschlossen. Niemand würde sich jetzt noch einmal an das Guckloch wagen.

Das ist auch gar nicht notwendig. Denn über dem Pult von Herrn Pichler gibt es zwei Bildschirme. Der eine zeigt die Bühne, der andere zeigt, was im Orchestergraben vor sich geht.
»Es ist soweit, Moritz! Gleich wirst du den Dirigenten sehen können. Er gibt uns ein Zeichen, ehe er beginnt. Sobald er die Lichttaste an seinem Pult drückt, bekommen wir grünes Licht.«
Beifall rauscht auf, als der Dirigent im Orchestergraben erscheint. Gespannt verfolgt Moritz jede seiner Bewegungen. Der Dirigent verneigt sich vor dem Publikum, dreht sich um und hebt den hellen Dirigentenstab. Eine Sekunde lang hält jeder hinter der Bühne den Atem an. Dann erklingt die Musik.
Moritz setzt sich leise auf einen Drehstuhl. Herr Pichler ist sehr konzentriert und hat ein aufgeschlagenes Notenbuch mit vielen Aufzeichnungen vor sich liegen. *Ouvertüre* steht über der ersten Seite. Da steckt das französische Wort ›ouvrir‹ dahinter, und das heißt ›öffnen‹. Eine Eröffnungsmusik also. Diese Musik will die Ohren der Zuschauer öffnen, kurz bevor der Vorhang den Blick auf die Zauberlandschaft der Bühne freigibt. Takt für Takt verfolgt Herr Pichler die Noten. Bei einem bestimmten Zeichen stößt er Moritz sanft in die Rippen und drückt auf einen Schalter. Moritz hat verstanden. Das kleine Zeichen bedeutet: Vorhang auf! Jetzt hebt sich langsam der rote Hauptvorhang in den Bühnenhimmel. Die Klänge der Musik und die aufleuchtenden Farben stimmen die Menschen im dunklen Zuschauerraum auf die Geschichte ein, die sich jetzt auf der Bühne abspielen wird. Der erste Akt beginnt.
Ein *Akt* (von lat.: actum = Handlung, Tätigkeit) ist einer der Hauptteile einer Oper. Er besteht aus verschiedenen Szenen. Die meisten Opern haben mehrere Akte. Opern, die nur aus einem Akt bestehen, heißen *Einakter.*

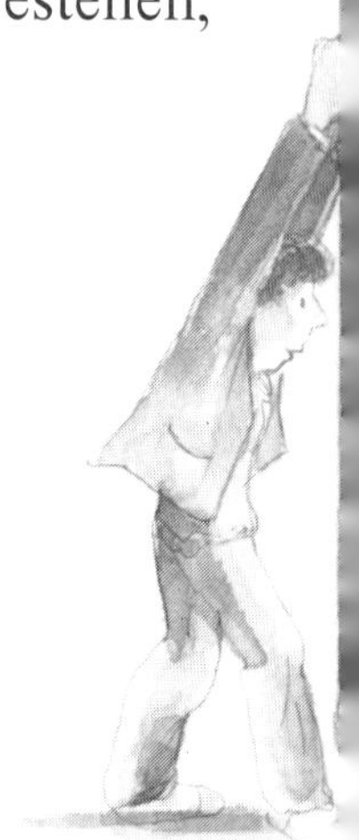

Das deutsche Wort für Akt heißt *Aufzug*. Das bedeutet, daß vor jedem Akt der Vorhang aufgezogen wird. Moritz denkt an die Kinderoper. Sie besteht aus drei Aufzügen, also aus drei Akten. Dreimal darf Moritz hier den Vorhang aufziehen. Allerdings wird während der Aufführung etwas passieren, was in einer anderen Oper nie vorkommen darf: Der Vorhang geht zu früh auf. Die Zuschauer sehen, wie auf der Bühne noch eifrig geprobt wird. »Laß sofort den Vorhang runter, Moritz! Da sitzen doch schon Leute«, hört man die Schauspieler rufen. Sophie wird vor Aufregung gleich ihren Text vergessen, und Simon wird statt im Kamin hinter den Kulissen verschwinden. Aber Moritz stellt sich taub. Diese Szene gehört nämlich zur Kinderoper. Benjamin Britten hat es so gewollt. Und auch mit Peter Rabe ist alles so abgesprochen. Moritz wird also den Vorhang nicht herunterlassen. Die Probe wird weitergehen, so, als wenn nichts gewesen wäre. Die Zuschauer sollen bei offenem Vorhang einen Blick in die Opernwerkstatt werfen. Und Moritz, der Vorhangzieher, ist stolz auf seine Rolle. Denn ein bißchen hängt dieser ›Einblick‹ auch von ihm ab.

Im Orchestergraben

Bis endlich der Vorhang zur Premiere der Kinderoper aufgehen kann, wird es noch lange dauern. Nur langsam laufen die ersten Vorbereitungen an.

Heute lernen die Kinder den *Orchestergraben* kennen. Am liebsten wären sie gleich über die Bühnenrampe geklettert. Aber der Dirigent David Noe zeigt ihnen den Weg, den er und alle Musiker jeden Abend vor der Vorstellung nehmen. Er führt über Treppen und Gänge nach unten. »Jetzt sind wir unter der Bühne. Und wenn ihr die Ohren spitzt, braucht ihr eigentlich nur der Musik nachzulaufen«, sagt David Noe. Sie kommen an den Probe- und Aufenthaltsräumen der Musiker vorbei. Links und rechts sind Klänge, Tonleitern und Melodiefetzen zu hören. Neugierig schaut Mischa durch eine angelehnte Tür. Ein langer Tisch mit zwei Schachspielen, Stühle, Waschbecken ... und an den Seiten lauter abschließbare Schränke. »Hängen da die schwarzen Fräcke?« will Mischa wissen. Statt einer Antwort hört er einen Trommelwirbel vom Schlagzeuger.

Eine Tür führt in den Orchestergraben. Dieser ›Graben‹ hat verschiedene Böden, die in der Höhe verstellbar sind. Sie können bis auf die Ebene des Zuschauerraumes oder auch bis zur Bühne hochgefahren werden. Auf diese Weise bekommt man mehr Platz für weitere Stuhlreihen im Parkett. Außerdem kann der Bühnenraum vergrößert werden.

Der Orchestergraben liegt etwa zwei Meter tiefer als das *Parkett,* in dem die Zuschauer sitzen. Dadurch kann das Orchester die Aussicht auf die Bühne nicht versperren. Nur der Dirigent sitzt etwas erhöht am Dirigentenpult. Er muß nicht nur von seinem Orchester, sondern auch von den Sängern auf der Bühne gesehen werden. Alle sollen

seine Zeichen und Gesten verstehen. Im Orchestergraben ist es jedoch nicht allzu hell. Nichts darf den Blick von der Bühne ablenken. Deshalb sind die kleinen Lämpchen über jedem Notenpult nach oben abgedunkelt. Damit der Dirigent deutlich sichtbar wird, ist die Wand hinter dem Dirigentenpult hell gestrichen.
David Noe zeigt den Kindern eine kreisrunde Öffnung in der Bühnenwand, genau gegenüber dem Dirigentenpult. Hier ist ein kleines Kamera-Auge versteckt. Sogar die Leute hinter den Kulissen können so auf ihren Bildschirmen den Dirigenten sehen.
Jakob klettert auf den Sitz des Dirigenten und hebt die Hände zum Auftakt. Die anderen Kinder spielen auf unsichtbaren Pauken und Trompeten. Über ihnen im Parkett und auf der Bühne ist es dunkel und still. Nur das Licht am Dirigentenpult brennt. Es zaubert Jakobs Nase und seine fliegenden Haare auf die helle Wand hinter ihm, und seine Hände werfen große tanzende Schatten.
Hier wird eines Tages die Musik der Kinderoper erklingen. Doch erst muß sie vom Orchester einstudiert werden. Deshalb steht jetzt neben anderen Opern auch das neue Werk auf dem Probenplan der Musiker. David Noe hat schon die Noten aus dem Musik-Archiv geholt. Dort in der Bibliothek des Opernhauses liegt das Notenmaterial in hohen Regalen geordnet.
David Noe wird aus der *Partitur* dirigieren. So nennt man ein dickes Notenbuch, in dem sowohl die Stimmen der Sänger als auch die Stimmen der Instrumente Takt für Takt stehen. Die Orchestermusiker bekommen Auszüge für die jeweiligen Instrumente, auch ›Stimmen‹

Zwei Seiten aus der Partitur zu Brittens Kinderoper (in der Originalsprache Englisch).

genannt. Diese Auszüge werden auf die Notenpulte gelegt. Jeweils zwei Musiker spielen aus einem Heft.
Die ersten Proben finden nicht im Orchestergraben, sondern im *Probenraum* des Orchesters statt. Schwierige Stellen werden zunächst von den einzelnen Instrumentengruppen, wie Streicher oder Bläser, für sich alleine geübt. Danach spielen alle Instrumente zusammen. Später kommen auch die Sänger und der Chor dazu. Das Orchester zieht erst zur Hauptprobe in den Orchestergraben um.
Obwohl Benjamin Britten nur ein kleines Orchester für die Musik zu der Kinderoper vorgesehen hat, muß David Noe darauf achten, daß sich die Musiker in der Lautstärke zurückhalten. Sonst würden die Instrumente die singenden Kinder übertönen. Dann könnten die Zuschauer den Text nicht verstehen, den die zarten Kinderstimmen singen.

Noten, nichts als Noten stapeln sich in den Regalen des Musik-Archivs.

Nicht immer jedoch begleitet das Orchester die Sänger. In jeder Oper gibt es Musikstücke, die das Orchester ganz allein spielt. Gleich zu Beginn, in der Ouvertüre, zeigt es, was es kann. Diese Musik bereitet die Zuschauer auf das vor, was sich gleich auf der Bühne abspielen wird. Erwartung und Neugierde werden geweckt. Oft versucht hier der Komponist in Klängen die Idee seines Werkes auszudrücken. Es tauchen Melodien und Themen auf, die aufmerksame Zuhörer während der Aufführung der Oper immer wieder erkennen können.
Auch zwischen zwei Szenen oder Akten spielt das Orchester oft allein. Ein solches Musikstück wird *Zwischenspiel* oder *Intermezzo* genannt. Während die Bühnenarbeiter so schnell und leise wie möglich die Bühne umbauen, hört das Publikum dieser Musik zu. Und so, wie sich das Bühnenbild verwandelt, kündigt auch die Musik etwas Neues an. Die Zuhörer werden neugierig. Wie wird die Geschichte wohl weitergehen?
Finale heißt das Schlußstück eines Aktes oder der ganzen Oper. Alle Instrumente des Orchesters sind noch einmal dabei: die Geigen, Bratschen, Celli, die Kontrabässe, Flöten, Klarinetten, Fagotte, Hörner, Pauken und Trompeten. Der bunte Wirbel auf der Bühne treibt einem letzten Höhepunkt zu. Oft sind außer den Sängern und dem Chor auch noch die Tänzer und Tänzerinnen des Balletts dabei.
Wenn am Ende der Oper der Dirigent den Applaus des Publikums entgegennimmt, deutet er auch auf die Musiker im Orchestergraben. Er gibt das Dankeschön der vielen Zuhörer an sein Orchester weiter.

Der Herr ›Wiederholer‹ bittet zum Klavier

Bald beginnen die Sänger und Darsteller der Kinderoper damit, ihre Rollen einzustudieren. Sie müssen Texte und Melodien lernen. Eines Nachmittags sind Jakob, Simon und Sophie zur Probe ins Theater bestellt. Sie sind viel zu früh gekommen. Als sie an die Tür zum Probenraum klopfen, öffnet ihnen ein freundlicher Herr. »Aha, da schau her, die neuen Sänger! Ihr könnt, wenn ihr wollt, noch eine Weile zuhören. Ich hoffe, daß es Camilla nicht stört.« Camilla, die junge Sängerin, mit der er eben geprobt hat, nickt den Kindern freundlich zu. Nein, sie fühlt sich nicht gestört, nicht im geringsten. Und der freundliche Herr setzt sich wieder ans Klavier.

Er ist der *Repetitor.* Der was ...? Das klingt in Jakobs Ohren verdächtig nach Vokabeln abhören. Der Herr mit dem lateinischen Namen könnte sich ebensogut auf deutsch Herr Wiederholer nennen. Denn er wiederholt und übt mit den Sängern so lange, bis alles sitzt. Arbeitet er hauptsächlich mit Solisten, also Sängern, die ›solo‹ (= allein, einzeln) singen, so wird er Solo-Repetitor genannt. Übt er mehr mit dem Chor, dann heißt er Chor-Repetitor. Er spielt dabei am Klavier. In seinem Notenbuch sind alle Stimmen des Orchesters zu einer Klavierstimme zusammengefaßt. Darüber stehen Melodie und Text für die Sänger. Dieses Notenbuch heißt *Klavierauszug.*

Mit untergeschlagenen Beinen hocken Jakob, Simon und Sophie am Boden. Sie sind ganz aufgeregt. So aus der Nähe haben sie noch nie eine Opernsängerin zu sehen und zu hören bekommen. Aber was ist los? »Ist Camilla heiser? Hat sie einen Frosch im Hals?« flüstern die Kinder einander zu. Camilla singt so leise und zart, daß sie kaum das Klavier übertönt. Wer soll ihre Stimme denn hören, wenn sie erst auf der großen Bühne steht?

Der Repetitor bemerkt die Unruhe der kleinen Zuhörer. »Pssst! Sie markiert.« Camilla tut nur so, als ob. Sie singt ihre Stimme nicht voll aus, denn sie möchte sie für die Vorstellung heute abend schonen. Jede Aufführung strengt die Stimme sehr an. Stimmbänder sind empfindlich. Man kann sie nicht wie die Saiten eines Instruments erneuern.

Das, was nun die Kinder von Camilla hören, ist eine *Arie.* So heißt ein Musikstück für Singstimme, welches vom Orchester begleitet wird. Wer genau hinhört, entdeckt, daß die meisten Opern-Arien aus drei Teilen bestehen: Dem ersten Teil (A) folgt ein Mittelteil (B). Zum Schluß wird der erste Teil wiederholt. Ähnlich wie bei der Zeitlupe oder einer Nahaufnahme im Film, steht während der Arie die Handlung auf der Bühne still. Alles hört dem Gesang zu. Der Komponist hat sich für die Arie eine besonders ausdrucksvolle Melodie ausgedacht. Er schmückt sie mit Verzierungen, Trillern und Läufen. Hier wird die Stimme selbst zum Instrument. Würde Camilla den Text ihrer Arie nur sprechen, so wäre sie in ein paar Sekunden zu Ende. Da aber viele Textstellen immer wieder verändert oder wiederholt werden, dauert eine Arie meist mehrere Minuten.
Benjamin Britten hat für die Kinderoper keine kunstvollen Arien geschrieben. Kindern gefallen einfache Melodien meist besser. Außerdem können sie dann den Text leichter verstehen.
Neben solchen Liedern finden sich noch andere Gesangsstücke in der Kinderoper. Sie gleichen gesungenen Erzählungen. Diese Art Sprechgesang nennt man *Rezitativ* (von lat.: recitare = vorlesen, vortragen). Rezitative gibt es aber auch in jeder großen Oper. Sie werden nur leise vom Orchester oder einzelnen Instrumenten begleitet, damit der Zuhörer den Text besser versteht. Dieser gesungene Bericht kann den Handlungsablauf zusammenfassen. Im Gegensatz zur Arie wirkt deshalb das Rezitativ wie ein Zeitraffer. Es treibt die Handlung in der Oper voran.
Camilla wird auch bei der Kinderoper mitsingen; denn Benjamin Britten hat einige Rollen für Erwachsene geschrieben. Mit ihrer hohen Sopranstimme wird Camilla die Rolle des Kindermädchens übernehmen. Für Fräulein Bagott hat der Komponist eine tiefe Frauenstimme vorgesehen. Und die beiden Kaminfeger werden von zwei Männern gespielt und gesungen.

Die Arie. Die Stimme einer Sängerin erfüllt den großen Raum des Theaters. Alle hören ihr zu.

Man unterscheidet bei erwachsenen Sängern hohe, mittlere und tiefe Stimmen. Bei den Frauen nennt man sie *Sopran* (hoch), *Mezzosopran* (mittel) und *Alt* (tief). Bei den Männern heißen sie *Tenor* (hoch), *Bariton* (mittel) und *Bass* (tief).
Die Kinder, die in der Kinderoper mitsingen, haben keine Solistenrollen. Dies wäre für ihre normalen Kinderstimmen zu anstrengend. Statt dessen singen sie oft im *Ensemble.* Zu deutsch heißt dieses Wort ›zusammen‹. Mehrere Stimmen zusammen klingen kräftiger und voller, und das Proben macht viel mehr Spaß. »Sind wir dann nicht so etwas wie ein kleiner Chor?« fragt Sophie.
Der Repetitor schüttelt den Kopf. »Nein, Sophie, ihr singt zwar zusammen, aber jeder von euch spielt seine eigene Rolle. Beim *Chor* dagegen singen und spielen alle zusammen e i n e Rolle. Und wenn sie auch mehrstimmig singen, so singen sie doch wie ›aus einem Mund‹.«

Benjamin Britten hat für seine Kinderoper ganz verschiedene Ensembles geschrieben. Er läßt Kinder und Erwachsene in kleinen Gruppen zusammen singen. Einmal singen Jakob und Sophie zu zweit ein *Duett.* Gesellt sich als dritter noch Simon dazu, singen sie ein *Terzett.* Zu viert singen sie ein *Quartett,* zu fünft ein *Quintett* …
Als Benjamin Britten die Kinderoper schrieb, konnte er nicht damit rechnen, daß ein Chor zur Verfügung stehen würde. Deshalb kam er auf eine ungewöhnliche Idee. Er wollte den Zuschauern die Rolle des Chores überlassen.
Nur wie? Selbst das einfachste Lied muß erst gelernt werden. Und man kann doch nicht das Publikum ein paar Wochen vor der Aufführung zur Probe bitten. Oder sollte man etwa vor der Aufführung Notenblätter an der Kasse verteilen? Als klingende Eintrittskarte sozusagen?
Der erfahrene Musik- und Theatermacher Benjamin Britten fand auch dafür eine Lösung. Er baute einfach die Probe der Chorlieder in die Handlung der Kinderoper mit ein. Da der ganze zweite Akt eine gespielte Probe darstellt, erleben die überraschten Zuschauer auf diese Weise die Vorbereitungen zur Aufführung mit. Immer wieder dreht sich dabei der Dirigent – in Straßenkleidung – zum Publikum und fordert es zum Mitmachen auf. So werden die Lieder geprobt, zunächst vom Klavier begleitet, später vom ganzen Orchester. Eine Leuchtschrift über der Bühne sorgt dafür, daß alle den Text mitlesen können.
Wenn dann anschließend im dritten Akt der Dirigent im vornehmen Frack erscheint und sich der Vorhang öffnet, kennen sich alle schon ein bißchen. Gemeinsam spielen die Kinder auf der Bühne und die Zuschauer ihre Rollen. Und die Geschichte vom kleinen Kaminfeger wird für alle ein Erlebnis, das sie nicht so schnell vergessen werden.

Viel Phantasie braucht es, um die große leere Bühne in einen »Spielraum« zu verwandeln! – Blick durch das Bühnenportal in den Zuschauerraum.

Vom Guckkasten zum Bühnenbild

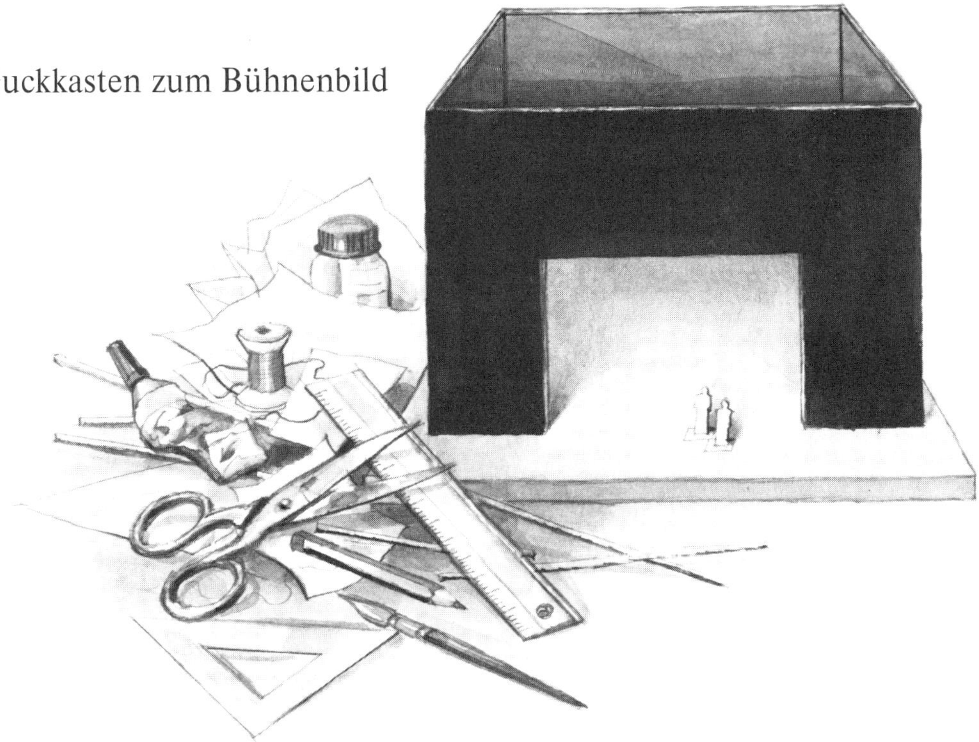

Mischa und Moritz stehen auf der Bühne. Sie ist leer. Zusammen mit dem Bühnenbildner sind sie hergekommen. Hier soll einmal das Bühnenbild stehen, ein Kinderzimmer in einem alten, englischen Landhaus, wie es zur Geschichte vom kleinen Kaminfeger paßt. Mischa schaut sich um. Er denkt nach. So ziemlich alle Kinderzimmer, die er kennt, hätten hier wohl Platz. Nebeneinandergestellt, übereinandergestapelt ... wie soll man in einem so großen Raum ein Bühnenbild aufstellen? Und wie die hohen Wände bemalen?
»Ganz schön schwierig!« ruft Mischa laut. Er erschrickt, wie hohl seine Stimme auf der leeren Bühne klingt. Seltsam, dieser dunkle Zuschauerraum mit Hunderten von leeren Sitzen.
»Alles halb so wild«, beruhigt ihn Claudio, der Bühnenbildner. »Es scheint dir schwierig, weil du noch nie eine so große, leere Bühne gesehen hast. Dabei ist es wie mit einem Fernglas. Ob du etwas groß oder klein siehst, hängt davon ab, von welcher Seite du hineinschaust. Hier auf der Bühne ist alles riesig. Von da oben jedoch, von den hinteren Stuhlreihen, sieht die Bühne viel kleiner aus.« Claudio deutet zum Zuschauerraum. »Wetten, daß du dir von dort aus das Bühnenbild besser vorstellen kannst?«

Grundformen der Opernbühne

Gassenverhang

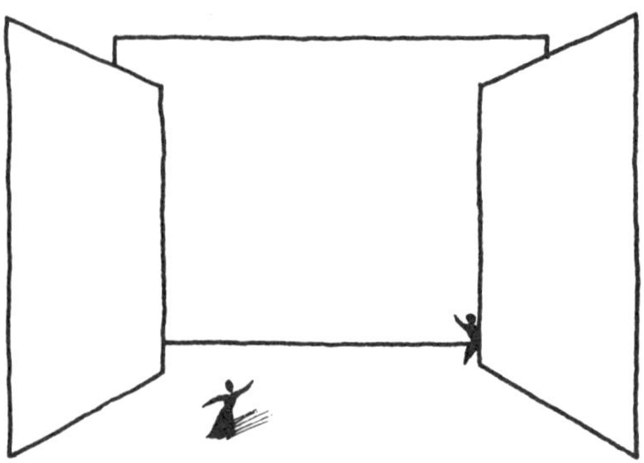

Panoramaverhang

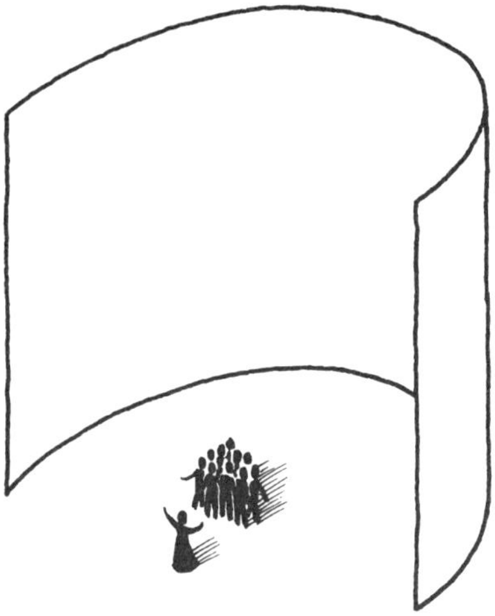

Rundhorizont

Mischa will es gleich ausprobieren. Er zieht Moritz am Arm und beide gehen hinter Claudio her. Dieser führt sie über enge Treppen und lange Gänge. Aber zu Mischas Überraschung landen sie nicht im Zuschauerraum, sondern in einem Raum mit vielen Regalen. Hier stehen verschiedene Modellbühnen, zum Anfassen und Angucken. Lauter Guckkästen, so klein wie Puppenstuben, Zimmer, bei denen die Decke und die vordere Wand fehlen.

Während Moritz ein goldschimmerndes Königsgemach entdeckt, steht Mischa staunend vor einem italienischen Marktplatz mit vielen kleinen Balkons, auf denen Wäsche flattert. Er tastet mit den Fingerspitzen über die Mauern eines zerfallenen Hauses. In einem anderen Guckkasten ist eine Zauberlandschaft zu sehen. Mischa betrachtet den bemalten Hintergrund. Davor ist eine kleine hügelige Landschaft aufgebaut. Winzige Büsche und Bäume und eine zierliche Brücke lassen das Ganze zu einem Raum werden.

»Das alles sind Bühnenmodelle von Opern, die hier am Opernhaus gespielt wurden, lauter Entwürfe für Bühnenbilder«, erklärt Claudio den Kindern.

Zauberwelt in klein: ein Bühnenmodell.

Mischa und Moritz begreifen, daß das Wort Bühnenbild viel zu wenig aussagt. Es ist nicht nur ein Bild, sondern eigentlich ein Raum aus Bildern. Deshalb würde eine Zeichnung allein zu einem Bühnenbild nicht genügen. Der Bühnenbildner muß ein *Modell* bauen. Und dieses Modell schauen sich dann alle an, die mit der Planung der Oper zu tun haben. Denn schließlich soll das Bühnenbild genau auf das Stück zugeschnitten sein. Gleichzeitig aber muß es zur Bühne des Hauses passen. Die Größe des Bühnenraums, die Maschinen, Beleuchtung und andere technischen Einrichtungen sind dabei entscheidend.

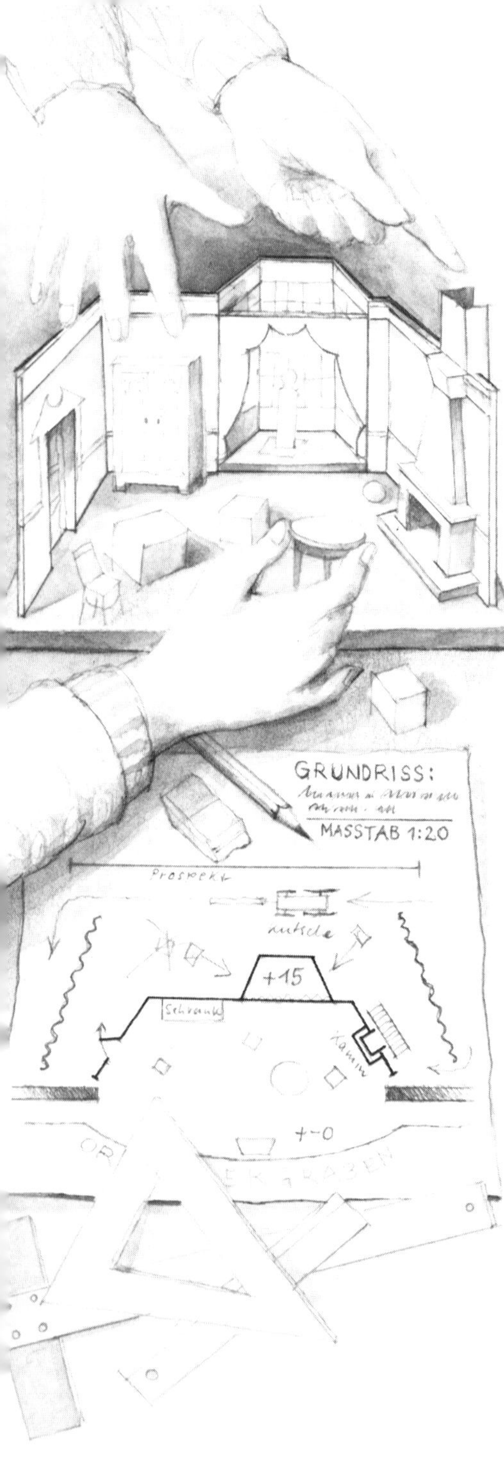

»Wie ist das mit unserem Bühnenbild zur Kinderoper? Dürfen wir dabei sein, wenn das Modell vorgestellt wird?« fragt Moritz neugierig.

Claudio lächelt und schüttelt dabei den Kopf. »Das glaube ich kaum. Es würde euch langweilen. Der erste, dem ich den Entwurf zeigen werde, ist der Regisseur Peter Rabe. Zu seinen Ideen und Vorstellungen muß das Bühnenbild passen wie ein Bild zu einem Rahmen. Das Modell mit den beweglichen Teilen zum Hin- und Herschieben kann, so klein es auch sein mag, schon eine bestimmte Atmosphäre vermitteln. Sogar Bewegungsabläufe kann der Regisseur ›durchspielen‹. Wer wird wo stehen? Wie kommt der Sänger auf die Bühne, und wann tritt er wieder ab?«

»Und wenn Peter Rabe mit dem Entwurf zufrieden ist, gibt's dann grünes Licht für das Bühnenbild?« fragt Mischa.

»Noch nicht. Der Entwurf muß erst noch ein paar Hürden schaffen, ehe er genehmigt wird. Und bevor er nicht genehmigt ist, kann mit dem Bau nicht begonnen werden. Da ist zum Beispiel der *Technische Leiter* des Theaters. Auch ihm wird das Modell vorgestellt. Er kann beurteilen, ob und auf welche Weise die Werkstätten unseres Hauses in der Lage sind, das Bühnenbild zu erstellen. Er überlegt, welches Material gebraucht wird, schätzt Kosten und Zeitaufwand ab.

Dann wird das geplante Bühnenbild erst einmal probeweise auf der großen Bühne aufgebaut. In dieser *Bauprobe* zimmern die Bühnenarbeiter aus einfachem Material oder alten Dekorationen die wichtigsten Elemente des Bühnenbilds zusammen. So bekommt man ein genaueres Bild von Größen und Ausmaßen. Man sieht, ob die einzelnen Teile im richtigen Verhältnis zueinander stehen.«
»Landet dieses provisorische Bühnenbild dann auf dem Sperrmüll?« fragt Moritz.

»Oh, nein, es wird wiederverwendet. Und zwar als Spielrahmen für die späteren Proben auf der Bühne, solange das endgültige Bühnenbild noch nicht aufgebaut ist«, antwortet Claudio.
»Aber was wird weiter mit unserem Entwurf?« fragt Mischa.
»Für ihn kommt jetzt die letzte und schwierigste Hürde, die *Bühnenbildbesprechung*«, erklärt Claudio. »In der Theatersprache heißt es oft, der Entwurf wird ›geschlachtet‹. Dieser Ausdruck verrät, daß es hier nicht immer friedlich zugeht. Bei dieser Besprechung sind nun auch die Leiter der Werkstätten dabei, die unmittelbar an der Herstellung des Bühnenbilds beteiligt sind. Man versucht, das unter einen Hut zu bringen, was der Bühnenbildner will – und was die Werkstätten können.

Jeder Werkstattleiter hat einen Kostenplan dabei. Alle haben sich ausgerechnet, wieviel Geld sie für die Ausführung der verschiedenen Arbeiten brauchen. Und sollte das Ergebnis die Summe überschreiten, die für das ganze Bühnenbild zur Verfügung steht, so müssen alle gemeinsam überlegen, wo sie noch etwas einsparen können.«
»Aber unser englisches Kinderzimmer ist doch sicher nicht allzu teuer, oder?« fragt Mischa besorgt. »Wir brauchen für unser Stück ja nur ein einziges Bühnenbild.«
»Dazu mußt du wissen, daß im Geldtopf des Theaters für eine Kinderoper sowieso weniger Geld ist. Weil Kinder oft die Eintrittskarten von ihrem Taschengeld kaufen müssen, dürfen diese nicht zu teuer sein. Und dadurch sind auch die Einnahmen des Theaters geringer.«
»Wie können wir uns da helfen?« fragt Mischa.

»In einem solchen Fall versuchen wir dadurch zu sparen, daß wir auch Teile von älteren Bühnenbildern mitverwenden.« Claudio schaut auf die Uhr. »Ich muß jetzt gehen. Ich werde im Malersaal erwartet. Besucht ihr mich dort morgen?«

Alte Dekorationen, vom Grabstein bis zum Apfelschimmel, werden im Magazin aufbewahrt.

Im Malersaal

Am nächsten Tag bekommt Claudio, der Bühnenbildner, wieder von den Kindern Besuch. »Wie geht es weiter mit dem Modell?« Mischa und Moritz überfallen ihn mit Fragen.
Claudio nimmt sich Zeit. Er weiß, wie es ihm vor ein paar Jahren ging. Da stellte er genau die gleichen Fragen; denn er konnte sich auch nicht vorstellen, wie denn nun dieses kleine Modell für eine so große Bühne ›übersetzt‹ werden sollte. Es muß um ein Vielfaches vergrößert werden.
Claudio führt die Kinder zu seiner Assistentin. Sie sitzt gerade am Reißbrett und zeichnet. Ihre Aufgabe ist es, viele verschiedene Zeichnungen von dem Modell anzufertigen. Sobald es in allen Einzelheiten übertragen ist, teilt sie jede Vorlage in ein Netz von Quadraten auf. So läßt sich jeder Teil des Bühnenbilds maßstabsgetreu vergrößern. Außerdem wird es in einzelne Teile aufgegliedert. Es setzt sich also wie ein großes Puzzle zusammen. Diese Puzzleteile dürfen weder zu groß noch zu schwer oder unbeweglich sein. Entweder zieht man sie nach oben oder schiebt sie zur Seite weg. So kann ein Bühnenbild auch während der Vorstellung blitzschnell umgebaut oder ausgewechselt werden. Genau nach Plan überträgt man die Kulissenteile auf weißen Nesselstoff. Dieser wird in der Schreinerei auf einem Lattengestell befestigt. Anschließend wird das ›Riesenpuzzle‹ bemalt.

Über eine schmale Treppe kommen Mischa und Moritz in den Malersaal. Er liegt direkt unter dem Dach des Theatergebäudes. Aus hohen Fenstern fällt viel Licht herein. Kein grelles Sonnenlicht, sondern sanftes Licht von Norden und Osten. Das richtige Licht ist für die Bühnenmaler besonders wichtig.

An den Wänden entlang stehen Dekorationen: verschnörkelte Geländer, Schiffe, Torbögen, Bäume. Mischa geht neugierig auf ein halbgeöffnetes Fenster zu. Es gibt den Blick auf die Dächer einer alten Stadt frei. Erst ein paar Schritte davor erkennt er, daß auch das nur eine gemalte Kulisse ist.

»Wie still es hier ist!« flüstert er Moritz zu. Ruhig sind ein paar Maler mit ihrer Arbeit beschäftigt. Sie tauchen ihre langen Pinsel in Farbeimer. Einige Bühnenbildteile liegen auf Böcken. Andere liegen am Boden. Diese großen Bilder verlangen eine ruhige Hand und einen sicheren Stand. Oft werden sie im Stehen gemalt. Mit Pinseln, die Mischa bis zur Nase reichen. Diese langen Pinsel heißen Landschafter. »Weil man mit ihnen besonders gut Landschaften malen kann?« fragt Moritz. Claudio nickt und zeigt auf einen Maler, der gerade an einem großen *Prospekt* arbeitet.

Prospekt heißt auf deutsch ›Aussicht‹. Gemeint ist der rückwärtige Teil des Bühnenbilds. Er schließt die Bühne nach hinten ab, während die Kulissen den Blick auf die seitliche Bühne rechts und links verdecken. Vom Zuschauerraum sieht man also direkt auf den Prospekt. Er ist ein großer bemalter Vorhang aus Stoff. Dieser wird an einer Stange aufgehängt und an Drähten oder Stahlseilen über der Bühne befestigt. Über Rollen kann er heruntergelassen oder hochgezogen werden.

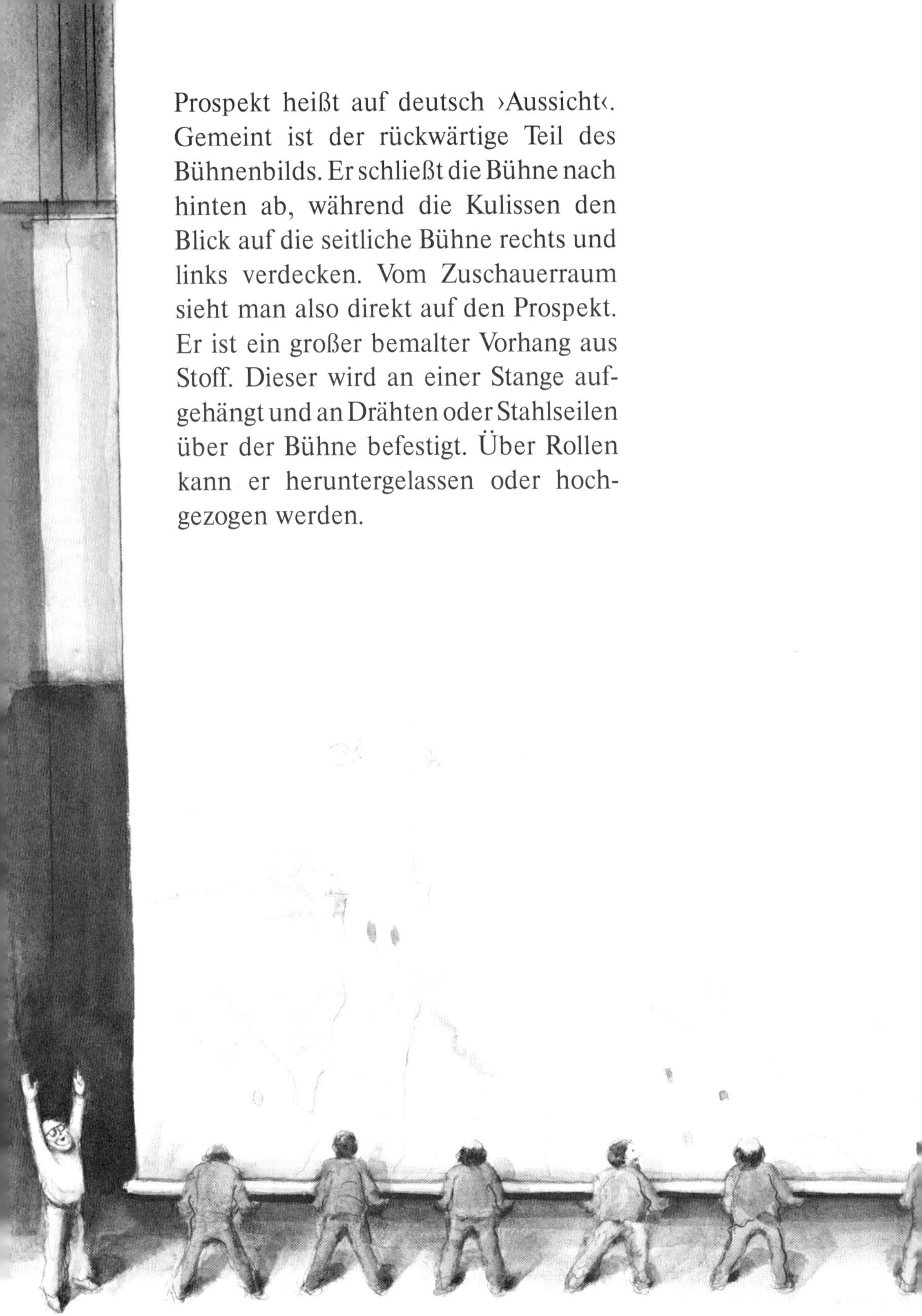

Mischa und Moritz beobachten, wie der Maler konzentriert und ruhig mit seinem großen Pinsel eine geschwungene Linie zieht. Auf dem weißen Stoff sehen sie eine Landschaft in feinen Strichen vorgezeichnet. Langsam wird nun eine Märchenlandschaft in bunten Farben entstehen.
In der Kinderoper wird auf dem Prospekt natürlich keine Landschaft, sondern ein Teil des englischen Kinderzimmers zu sehen sein.
»Was ist, wenn ein Luftzug den Stoff bewegt?« fragt Moritz. Claudio lacht. »Dann wackeln die Wände. Du hast recht, Moritz, wenn ein Spieler auf der Bühne so richtig in Fahrt kommt, kann es Wind geben. Allerdings ist der Prospekt immer am Boden unten festgemacht. Trotzdem sollten vorsichtshalber die Schauspieler und Sänger immer einen gewissen Abstand dazu einhalten, das gilt auch für die Leute hinten auf der Bühne.«
Als sich die Kinder von Claudio verabschieden, nimmt sich Mischa vor, selbst ein Modell für die Kinderoper zu bauen. Nach seinen eigenen Vorstellungen. Daheim will er gleich damit anfangen. Claudio wird überrascht sein!

Dieser Prospekt gaukelt dem Zuschauer einen Raum vor, der weit nach hinten führt. In Wirklichkeit steht den Schauspielern, die sich vor dem Vorhang bewegen, nur ein kleiner Platz zur Verfügung.

Mit lautem Geschrei wird der Vorschlag des *Bühnenmeisters* von den Kindern begrüßt. Morgen dürfen sie, statt zu proben, einen Nachmittag auf der Bühne zubringen. Und wenn jemand vorher dachte, um diese Zeit würde die Bühne schlafen und erst kurz gegen Abend, vor der Vorstellung aufwachen, so hatte er sich getäuscht.
Hier auf der *Hauptbühne* ist was los! – Das Bühnenbild für die Abendvorstellung wird eben aufgebaut. Man hört Hämmern, Klopfen und lautes Rufen. Leute in blauen Arbeitsanzügen laufen

Schwere Dekorationsteile werden an Züge gehängt, die vom Schnürboden heruntergelassen werden. So kann der Wechsel eines Bühnenbilds schnell und fast geräuschlos vor sich gehen.

hin und her. Hier ist ein Verkehr wie auf dem Platz draußen vor dem Theater. Gabelstapler bringen Holzteile und laden sie auf der *Seitenbühne* ab.

Sascha entdeckt neben der *Hinterbühne* einen ganzen Fuhrpark mit Fahrzeugen und Staplern aller Größen und Farben. Um einen besonders großen und langen Teil des Bühnenbilds zu bewegen, wird ein Bühnenwagen gebraucht. Er sieht aus wie eine fahrbare Plattform auf Rollen. Was da vorne auf der Hauptbühne wohl entsteht?

»Aufgepaßt, alle zur Seite!« ruft der Bühnenmeister, Herr Sarto. Er zeigt nach oben. Über ihren Köpfen wird eben eine lange Stange an Stahlseilen (Schnüren) heruntergefahren. Solche Stangen nennt man *Züge.* Sie sind im *Schnürboden* über der Bühne aufgehängt.

Die Kinder springen zur Seite. Teile von Palastmauern werden von den Wagen gehoben und an den Zügen befestigt. Mit Hilfe von Kurbeln und Rollen können sie hochgezogen und am richtigen Platz aufgestellt werden. »Und wo sind diese Rollen?« fragt Mischa neugierig den Bühnenmeister. Er deutet nach oben. »Im *Rollenboden.* Er liegt noch höher als der Schnürboden, unter dem Dach. Da oben würde dir ganz schön schwindlig werden.«

Langsam erkennen die Kinder, wie der Palast aussehen wird. Hervorspringende Bruchsteine und verwitterte Steinblöcke erinnern an eine alte Festung. Als die Kinder an die Mauern klopfen, klingt es hohl, ein bißchen nach Pappe und Holz. Sophie läuft durch einen Torbogen nach hinten. Von dort aus entpuppt sich der ganze Bühnenzauber als hohles Gestell.

In den Räumen hinter der Bühne befinden sich große Lager. Man nennt sie *Magazine.* Hier werden zusammengerollte Vorhänge und Prospekte in riesigen Regalen bis hoch zum Dach aufbewahrt. Hier stehen auch fahrbare *Scheinwerfertürme,* außerdem eine Vielzahl von großen *Dekorationen.* So heißt alles, was zur Ausstattung des Bühnenbilds bzw. zur Ausschmückung der Bühne dient. Diese oft riesigen Bühnenbildteile werden mit einer Seilwinde auf Wagen verladen und nach vorne zur Hauptbühne gefahren. Bühnenbilder, die längere Zeit nicht mehr gebraucht werden, wandern per Lastwagen in Magazine, die außerhalb des Hauses liegen.

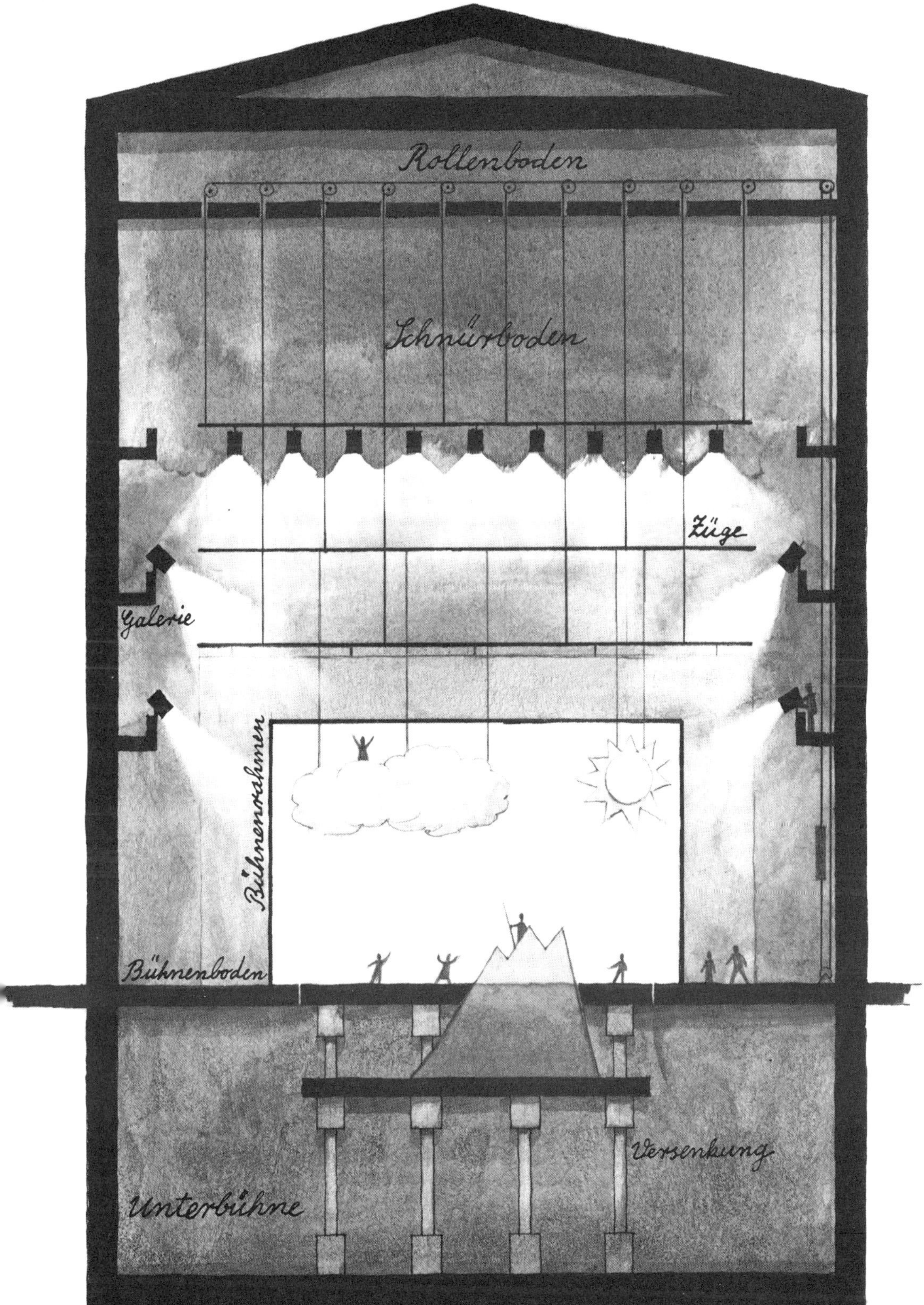
Rollenboden
Schnürboden
Züge
Galerie
Bühnenrahmen
Bühnenboden
Versenkung
Unterbühne

Blick auf die Arbeitsgalerien der Seitenbühne. Viele Zugseile laufen von unten nach oben. Teils per Hand, teils auf Knopfdruck lassen sich die Züge bewegen.

Mischa sieht durch einen Spalt im Fußboden Licht. Er kniet sich hin und bemerkt, daß es ziemlich tief hinunter geht. Was Mischa eben entdeckt hat, ist die *Unterbühne.* Herr Sarto will sie den Kindern zeigen und führt sie durch Gänge, an denen Bündel von Kabeln und Rohren entlanglaufen. Endlich kommen sie in den Raum, der direkt unter der Hauptbühne liegt.

»Hier riecht es wie im Maschinenraum eines Dampfschiffs«, meint Jakob. Es ist schwül. Man hört das Geräusch von Motoren, hört, wie oben auf der Bühne geklopft und geschoben wird. Dieser ›Bühnenbauch‹ ist so groß wie die obere Bühne und fast zehn Meter hoch. Glänzende Säulen aus Stahl tragen die Decke. Wenn diese Stützen durch Druck bewegt werden, können sich Teile der Bühne heben oder senken. Ein anderer Teil läßt sich durch eine eingebaute Drehscheibe in Gang bringen. Auf diese Weise sind während des Spiels überraschende Verwandlungen der Bühne innerhalb kürzester Zeit möglich.

In der Unterbühne befindet sich die Maschinerie, mit der die Bühne versenkt werden kann.

Bühnenzauber für Augen und Ohren! Blitz, Donner und Sturm!

Kurz bevor die Kinder wieder nach oben gehen, bleibt Herr Sarto vor einem langen Metallkasten stehen. Dieser läuft wie ein Kamin an der Wand entlang nach oben. Es ist der *Einschlagkasten.* Wenn auf der Bühne der Blitz einschlagen soll, rollt mit Donnergetöse eine Ladung großer Metallkugeln durch diesen Kasten nach unten. Ingesamt über eine Strecke von etwa 30 Metern. Sie beginnt hoch über der Bühne im *Bühnenturm* und endet in der Unterbühne.
»Dieser Donner ist so laut, daß du es hier unten kaum aushalten kannst«, sagt Herr Sarto zu Jakob. Der würde am liebsten an Ort und Stelle den donnernden Bühnenzauber ausprobieren.
Oben auf der Bühne ist es inzwischen still geworden. Mächtig steht der Palast da. Er nimmt die ganze Bühne ein. Sophie setzt sich neben Jakob auf einen Mauervorsprung. Sie ist müde. Plötzlich schauen sie beide nach oben. Gibt es Regen? Es rauscht so eigentümlich, als ob das Dach der Bühne über ihnen offen wäre. Es rauscht stärker. Wind braust um die Mauern des alten Palastes, pfeift ihnen um die Ohren. Von ferne hört man leises Donnern.

»Es ist nichts. Alles nur Theater«, meint Herr Sarto, der an einer Schalttafel sitzt und an ein paar Knöpfen dreht. »Neben unseren *Regen-, Wind-* und *Donnermaschinen,* die man mit der Hand bedienen kann, haben wir auch Tonbänder, auf denen alle diese Geräusche gespeichert sind. Sie wurden in unserem *Tonstudio* aufgenommen. Ein Knopfdruck genügt. Gewitter und Sturm ertönen auf die Sekunde genau.«
Jetzt dürfen es auch Jakob und seine Freunde einmal ausprobieren. Regen, Wind und Donner werden allmählich lauter und füllen schließlich das ganze Theater mit ohrenbetäubendem Sausen und Grollen.

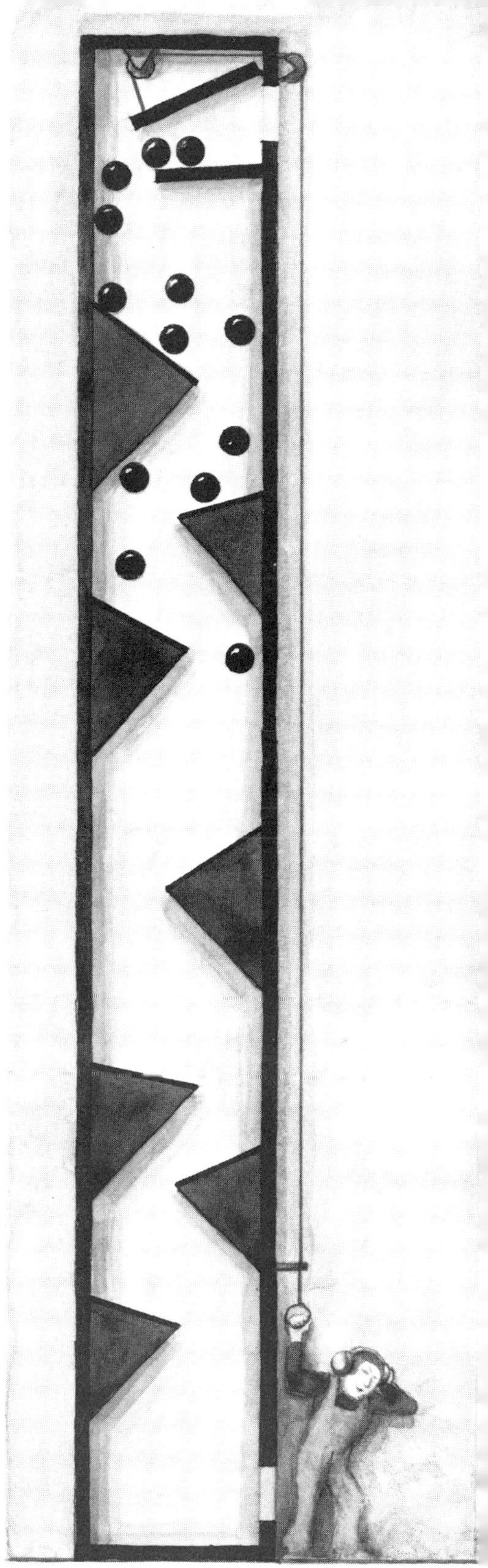

Einschlagkasten

Drei Beispiele aus der Trickkiste der Bühnentechnik: Mit Hilfe einer Maschinerie in der Unterbühne schaukelte das Schiff im Seesturm auf den Wellen (links).
Beim Wasserfall auf der Bühne wurde eine Stoffbahn bewegt, die über eine Kurbel lief (oben).
Die schwimmenden Nixen auf dem Bühnen-Meer wurden von der Unterbühne aus durch Schwimmwagen hin- und hergeschoben (unten).

Der Probenfahrplan

Gut zwei Monate wird es noch dauern, bis die erste Aufführung der Kinderoper über die Bühne gehen kann. Bis jetzt haben die Kinder Zeit gehabt, sich mit ihrer Rolle anzufreunden. Sie haben Texte auswendig gelernt und mit dem Repetitor ihre Gesangsstücke geprobt. Aber nun wird es ernst. Das Spiel auf der Bühne ist etwas ganz anderes, als wenn man dasteht und singt und vom Klavier allein begleitet wird.
»Wo proben wir heute?« fragt Sophie den Pförtner, als sie nachmittags außer Atem ins Theater kommt. Sie hat sich etwas verspätet. »Steht alles am Schwarzen Brett, da, um die Ecke…«, antwortet der Pförtner. Sophie jagt um die Ecke. Hier hängen die *Probenpläne* für den heutigen Tag aus. Jeder Schauspieler und Sänger kann dort erfahren, zu welcher Zeit und in welchem Raum seine Probe stattfindet.
Heute nachmittag also, um 15 Uhr, sind alle Kinder, die bei der Kinderoper mitspielen, zur *Szenischen Probe* auf die Probebühne bestellt. Zum ersten Mal findet die Probe mit dem Regisseur statt. Da nicht genügend Platz im Haus zur Verfügung steht und noch andere Opern außer der Kinderoper geprobt werden, wird zwischen Hauptbühne und Probebühne abgewechselt.

Regisseur und Sänger bei der Probenarbeit.

Die *Probebühne* ist ein seltsamer Raum. Schmucklos wie ein großer Dachspeicher sieht er aus. In der Mitte ein Podium für die Spieler. Darauf ein paar Stellwände, in denen Fenster- und Türöffnungen angedeutet sind. Irgendwo stehen aufeinandergestapelte Stühle, Bänke, Tische und sogar ein goldener Thronsessel herum. Keines der Kinder wäre auf den Gedanken gekommen, daß ausgerechnet hier heute die erste Probe stattfinden soll.

»Spielen wir so ganz ohne Kostüme und Kulissen?« fragt Sophie. Sie hatte sich diese Theaterprobe ganz anders vorgestellt.

»Bis die Kulissen fertig sind, dauert es noch eine ganze Weile. Stellt euch einfach vor, hier, auf dem Podium ist das englische Kinderzimmer.« Peter Rabe rückt ein paar Stellwände zu einem ›Zimmer‹ zurecht.

»Hier ist das Fenster, da die Tür, dort der Kamin. Die Möbel sind alle mit Tüchern abgedeckt; denn es sind ja Kaminfeger im Haus. Da gibt es viel Ruß und Staub. Ihr spielt gerade Verstecken zwischen den Möbeln, plötzlich ...«

»... hören wir jemand schreien. Wir sausen aus unseren Verstecken. Sam ist abgestürzt und hat sich wehgetan. Er tut uns leid, und wir wollen ihn retten!« ruft Sophie dazwischen.
»Wir lassen ihn rußige Spuren bis zum Fenster machen, damit es so aussieht, als sei er durchs Fenster geflohen«, sagt Jakob.
»Genau diese Szene wollen wir jetzt spielen«, hakt Peter Rabe ein. Schon sind die Kinder bei der Sache. Sie wissen, wie die Geschichte weitergeht und kennen den Text an dieser Stelle gut.
Schnell nehmen sie Simon an die Hand und führen ihn, der ja den kleinen Kaminfeger spielt, durch den Raum, an der Wand entlang, um

einen Sessel herum bis zum Fenster. Sie öffnen es. Brrrrr! Was für ein kalter Wind! Da scheint Sophie plötzlich Schritte zu hören. Blitzschnell schieben die Kinder den kleinen Sam in den Spielzeugschrank und verschwinden hinter den Möbeln.

Daß da weder ein Schrank noch Möbel, noch ein offenes Fenster zu sehen sind, stört sie jetzt nicht mehr. Trotzdem müssen sie die Szene mehrmals wiederholen. Denn nach den Vorstellungen des Regisseurs muß das Zusammenspiel noch viel besser werden. Zum Beispiel dieser Weg durchs Zimmer. Wie kann man ihn auf der Bühne am besten darstellen? Ein braver Gänsemarsch, ein wirres Knäuel von Kindern, die den kleinen Sam ganz verdecken? Gemeinsam kommen die Kinder auf eine Idee. Jakob wird Sam vorsichtig an der Hand führen. Zwei Kinder laufen hinterher, ein anderes voraus, um das Fenster zu öffnen. »Und Sophie kann an der Tür horchen, ob jemand kommt«, ruft Simon.

Also, das Ganze noch einmal! Es klappt nun wirklich schon viel besser. Der junge Mann mit Bart und Pullover, den Peter Rabe mitgebracht hat, schreibt alles genau auf. Es ist der *Regieassistent.* Er hilft dem Regisseur bei der Arbeit und führt das *Regiebuch,* damit bereits geprobte Szenen nicht bis zur nächsten Probe vergessen werden. Das Regiebuch sieht aus wie ein erweiterter Klavierauszug. Immer zwischen zwei Notenblättern ist ein leeres Blatt geheftet. Auf dieses Blatt zeichnet nun der Assistent genau auf, wie der Weg der Kinder verläuft, wer wann woher kommt.

Das Spiel auf der Bühne muß am Ende exakt mit der Musik zusammenpassen. Das scheint gar nicht so leicht zu sein. »Wie schnell sollen wir denn eigentlich durchs Zimmer laufen?« fragt Simon. Peter Rabe zögert mit der Antwort. Er möchte, daß Simon und die anderen Kinder das selbst herausbekommen. »Die Musik wird es euch sagen.« Mehr verrät er nicht. Aber er ist sicher, die Kinder werden es spüren, wenn sie nur genau hinhören. Es handelt sich nämlich um ein Stück, das Benjamin Britten ›Marsch‹ genannt hat. Ein Lied zum Marschieren. Man könnte es auch ein Lied für die Füße nennen, für Füße mit ›Ohren‹. Sie werden also wie von allein so schnell und so lange marschieren, bis der letzte Ton des Marsches verklungen ist.

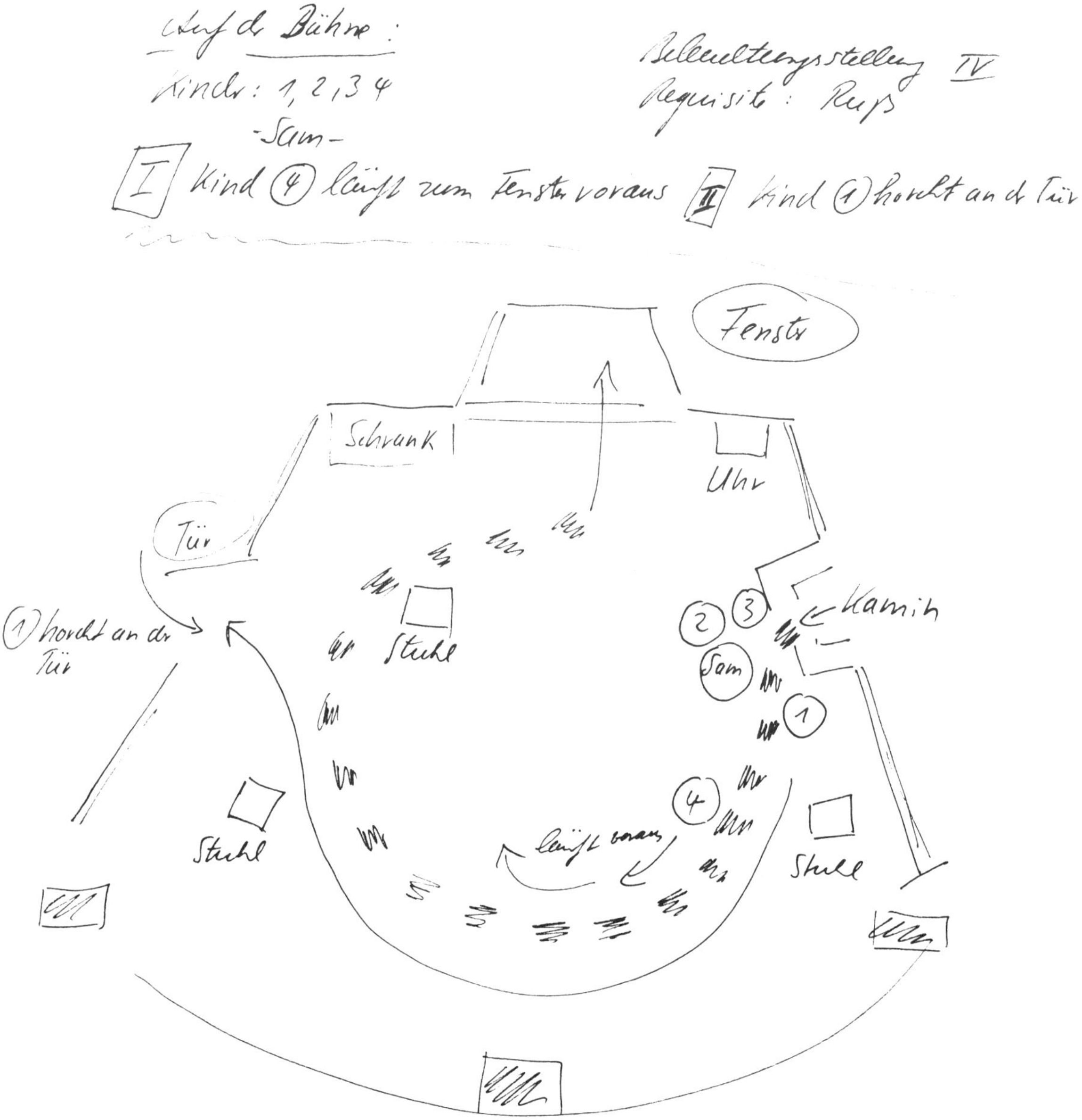

Die Musik und das Spiel auf der Bühne müssen genau zueinander passen. Diese zwei Seiten im Regiebuch zeigen die Noten des Klavierauszugs und die Situation auf der Bühne.

VI. MARSCHLIED

Kinder, später Frl. Baggott, Robert, Clem

Vivace

Die Kinder führen Sam durch das Zimmer und veranlassen ihn, überall schmutzige Spuren zu hinterlassen!

Die Kinder versuchen noch einmal, den Weg durchs Zimmer zu gehen. Diesmal mit Musik. Der Herr ›Wiederholer‹ am Klavier gibt das Zeichen zum Einsatz. Während sie nun leise ihr Lied singen, merken sie, daß ihre Füße genau nach dem Rhythmus der Musik gehen. Peter Rabe ist zufrieden für heute. »Bald proben wir auf der großen Bühne. Sie ist viel größer als das Podium der Probebühne. Mal sehen, wie ihr dann euren Weg durchs Zimmer schafft. Ihr werdet euch sicher umstellen müssen, aber wie ich euch kenne …«
Peter Rabe zieht den Probenplan für die kommende Woche aus der Tasche. Auch Simon, Jakob, Sophie und alle anderen Kinder, die bei der Kinderoper mitmachen, bekommen so einen Plan.
Die täglichen Proben werden im künstlerischen *Betriebsbüro* festgelegt. Sie umfassen alle Opern, die demnächst einstudiert und aufgeführt werden. Sie betreffen natürlich auch alle Mitwirkenden, die mit den Aufführungen zu tun haben. Das Betriebsbüro ist die wichtigste Schaltzentrale des großen Opernhauses. Hier wird über Wochen, Monate und sogar Jahre hinaus geplant. Nur so ist es möglich, Dirigenten, Regisseure oder Sänger aus aller Welt für die kommenden Inszenierungen oder Aufführungen zu verpflichten. Für alle diese kurz- oder langfristigen Planungen ist der *Betriebsdirektor* verantwortlich.
Mit dem Probenfahrplan in der Tasche können nun die Kinder ›einsteigen‹ in Richtung: Premiere. Bis zu dieser ersten Aufführung wird es jedoch noch viele Proben geben. Die nächsten Stationen sehen wie bei jeder anderen Inszenierung aus.

Rund um die Uhr wird täglich geprobt. Neue Stücke werden vorbereitet, ältere wiederholt, so wie es der Spielplan des Opernhauses verlangt.

PROBENPLAN FÜR MITTWOCH, DEN 15.JANUAR

Große Bühne:	11.45	Die lustigen Weiber mit Klavier/7.Bild/markierte Dekoration/Requisiten/Sänger/Chor-Ballett-Statisterie/Regisseur/Regieassistent/Souffleur/Chor-Repetitor
Seitenbühne:	18.00	Per Gynt mit Tonband/6.Bild/Dekoration/Requisiten/Statisterie
Probebühne:	15.00	Wir machen eine Oper mit Klavier/3.Akt/Kinder/Regisseur/Regieassistent/Chor-Repetitor
	19.00	Euridice mit Klavier/1.Bild/markierte Dekoration/Requisiten/Regie-Assistent/Chor-Repetitor
Orchester-Proberaum:	10.00	Die lustigen Weiber Orchester-Sitzprobe/Sänger
	10.30	dazu: Chor
Chorsaal:	10.30	Die lustigen Weiber siehe Orchester-Proberaum!
	11.45	siehe Große Bühne!
Ballettsaal:	10.00	Training
	10.50	Prometheus
	11.30	Pause Solisten
	11.45	Die lustigen Weiber (Elevinnen) siehe Große Bühne! Prometheus Solisten
Probenzimmer:	14.30	Zauberflöte Ensembleprobe mit Klavier/3 Knaben/Chor-Repetitor
Repetitorenzimmer:	11.00	Zauberflöte Sänger/Chor-Repetitor
	12.00	Zauberflöte Sängerinnen/Chor-Repetitor
	14.00	Wir machen eine Oper Sängerinnen/Chor-Repetitor
Damenschneiderei:	13.00	Euridice Kostümprobe
	14.00	Euridice Kostümprobe
Herrenschneiderei:	14.oo	Zauberflöte Kostümprobe
Vorstellung:	19.00	Per Gynt Besetzung laut Spielplan

Während der Regisseur in den *Bühnenproben* mit den Sängern arbeitet, probt der Dirigent mit dem Orchester. Ob das musikalische Zusammenspiel dieser beiden Bereiche klappt, wird sich in den *Bühnen-Orchester-Proben* zeigen, etwa zwei Wochen vor der ersten Aufführung.

Weitere Proben finden auch für die Technik und die Beleuchtung statt. In der technischen *Durchlaufprobe* kommen die verschiedenen Bereiche zum ersten Mal zusammen. Das Bühnenbild ist nun aufgebaut. Alle Schauspieler erscheinen in Kostüm und Maske. Nur das Orchester ist noch nicht dabei. Dafür spielt jemand am Klavier. Und das hat seinen Grund; denn noch geht nicht alles, wie es gehen soll. Das Spiel wird immer wieder unterbrochen. Bestimmte Stellen wer-

den wiederholt. Manches muß noch geändert werden. Nun zeigt sich auch, ob alle Verwandlungen und Umbauten auf der Bühne mit dem Spiel der Darsteller und mit der Musik abgestimmt sind. Erst in der *Hauptprobe* ist auch das Orchester dabei. Zum ersten Mal treffen alle zusammen, die bei der Oper mitmachen.
Die letzte und wichtigste aller Proben ist die *Generalprobe.* Sie läuft ohne Unterbrechung durch. Hier sind bereits Zuschauer dabei. Für viele Darsteller ist diese Probe deshalb auch ein Lampenfieber-Training. Alles soll so klappen, als wäre es bereits die erste Aufführung. Diese erste Aufführung wird *Premiere* genannt. Da wird sich zeigen, ob sich die Mühe aller Mitwirkenden gelohnt hat. Und was werden die Kritiker in den Zeitungen schreiben? Auch davon wird es abhängen, ob die kommenden Aufführungen genügend Zuschauer finden. Alle hoffen, daß die Premiere keine Endstation wird, sondern ein erfolgreicher Beginn. Ein Auftakt für viele Vorstellungen in einem vollbesetzten Theater!

Bühnenprobe: Vom Regiepult aus verfolgen Regisseur, Bühnenbildner und technischer Leiter die Proben auf der großen Bühne.

Inzwischen ist das Modell für das Bühnenbild der Kinderoper fertig geworden. Ein Mini-Kinderzimmer mit gestreiften Tapeten und winzigen Möbelchen. Mischa und Claudio, der Bühnenbildner, haben es zusammen während der letzten beiden Wochen entworfen und gebaut. Und alle Kinder, die bei der Oper mitmachen, haben den kleinen Guckkasten schon bestaunt. Auch die Theaterleute, die dafür sorgen, daß das Modell in die Wirklichkeit umgesetzt wird, haben es sich angesehen. Nun können sich endlich in den nächsten Wochen die Schreiner, Tischler, Tapezierer, Schlosser und Maler an die Arbeit machen. Nach einem genau ausgeklügelten ›Fahrplan‹ arbeiten die Werkstätten miteinander, bis schließlich der gewünschte Bühnenraum entstanden ist.

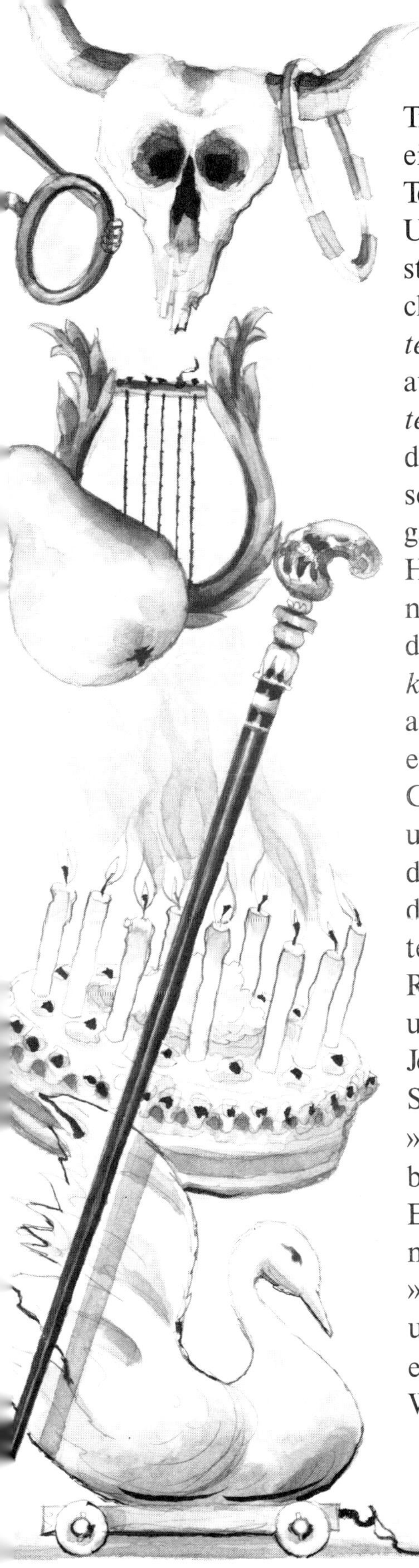

Trotzdem fehlt noch manches, was zu einem Kinderzimmer gehört: Möbel, Teppiche, Lampen, Bilder, Spielsachen. Und es fehlen auch Dinge, die die Darsteller zum Spiel auf der Bühne brauchen. Herr Bachmeier ist für die *Requisiten* verantwortlich. ›Requisitum‹ heißt auf deutsch ›das Verlangte‹. Als *Requisiteur* besorgt er alles, was nicht fest mit dem Bühnenbild verbunden ist. Er schaut sich deshalb vorher das Modell ganz genau an.

Herr Bachmeier nimmt Mischa und noch ein paar andere Kinder, die sich dafür interessieren, in die *Requisitenkammer* mit. Dieser Raum ist alles andere als eine Kammer. Er gleicht eher einem großen Flohmarkt oder einem Gruselkabinett. Es dauert nicht lange, und die Kinder sind in den Gängen mit den vollgestopften Regalen verschwunden. Stiermasken und Geburtstagstorten, Totenschädel und ein Schwan auf Rädern, Kerzenleuchter, Weintrauben und alte Instrumente sind hier zu finden. Jenny entdeckt eine Kuckucksuhr und Sascha eine Leier.

»Wenn es Benjamin Britten vorgeschrieben hätte, müßte ich sogar ein warmes Essen für euch auf der Bühne servieren», meint schmunzelnd Herr Bachmeier. »Hähnchen und Pommes frites, Cola und Eis, alles schon dagewesen.« Auch echte Tiere kann der Requisiteur auf Wunsch beschaffen. Dressierte Tauben,

Papageien, Affen, Pferde. Sollte es dem Regisseur noch einfallen, dann würden im Nachtlied der Kinderoper plötzlich Eulen und andere Nachtvögel aus dem Orchestergraben flattern.
Dieser Zauberer aus der Requisitenkammer kann aber auch bescheidenere Wünsche erfüllen. Für die Kinderoper soll auf der Bühne ein Kinderzimmer in einem alten englischen Landhaus eingerichtet werden. Damals um 1810 sah vieles noch ganz anders aus. Der Requisiteur weiß, welche Möbel zu dieser Zeit modern waren. Er weiß auch, womit die Kinder um 1810 gespielt haben. Deshalb notiert er sich auf einem Zettel: Kreisel, Schaukelpferd, ein paar alte Puppen, ein Hampelmann und ein bunter Ball. Selten hat er bisher so etwas für eine Opernaufführung gebraucht. Deshalb findet er es auch nicht in der Requisitenkammer. Er wird einiges in der Stadt besorgen. Vielleicht findet er manches billig bei einem Trödler. Anderes wird er besser in seiner Werkstatt herstellen.
»Und was ist mit dem Spielzeugschrank, in dem der kleine Sam versteckt wird?« fragt Mischa. »Dafür ist die Möbeltischlerei drüben im anderen Gebäude über dem Hof zuständig. Alle größeren Möbel werden dort hergestellt und gelagert«, antwortet Herr Bachmeier.
»Hier ist ja auch die alte Badewanne, in der der verrußte Sam auf der Bühne gebadet werden soll!« ruft Mischa. Herr

Bachmeier hat vergessen, in welchem Stück schon einmal eine alte Zinkbadewanne gebraucht wurde. Aber für die Kinderoper ist sie jedenfalls zu verwenden. Zum Spiel gehört auch ein alter, großer Überseekoffer, in dem Sam versteckt und zur Kutsche getragen wird. Herr Bachmeier verspricht, danach zu suchen. Er darf außerdem nicht vergessen, in den Koffer genügend Luftlöcher bohren zu lassen, damit Simon-Sam darin nicht erstickt. Denn erst wenn die Kutsche endlich abgefahren ist, wird man ihn herauslassen.

»Zur Bühnenprobe in ein paar Wochen werde ich alles besorgt haben, was ihr braucht«, sagt Herr Bachmeier, als die Kinder sich von ihm verabschieden.

Kaum ist die Tür der Requisitenkammer zugefallen, kehrt Mischa wieder um. Wie konnte er nur den Kamin vergessen! Ohne einen Kamin würde gar nichts in dieser Oper passieren. Wenn es schon Kuckucksuhren und Badewannen bei diesem Zauberer gab, dann würde sich bestimmt auch ein Kamin finden lassen. Der kleine Sam muß doch darin hochklettern können.

Herr Bachmeier muß Mischa allerdings enttäuschen. Für einen Kamin ist er nicht zuständig. Der muß erst gebaut werden.

Und zwar in der *Kascheur-Werkstatt.*

Nicht alle Tage kommt es vor, daß Kinder für eine Oper einen Kamin zum Hineinklettern bestellen. Aber die Werkstatt, in der die *Kascheure* arbeiten, ist genau die richtige Adresse. Die Handwerker mit dem geheimnisvollen Namen können tatsächlich einen Kamin bauen, den das Publikum nicht von einem richtigen Kamin unterscheiden kann. Ihr Beruf ist es zu ›kaschieren‹, was auf deutsch soviel heißt wie verstecken, verheimlichen, verhüllen. Alle Teile, die in Wirklichkeit aus Holz, Marmor oder Stein bestehen, werden hier täuschend echt nachgebaut.

Früher hat man das anders gemacht als heute. Da entstanden plastische Formen meist durch Papierverkleidungen. Für größere Formen mußte allerdings erst ein Gerippe aus Holz und Maschendraht gebaut werden. Dieses verkleidete man dann mit einer Masse aus Sägespänen, Gips und Knochenleim.
Heute arbeiten die Kascheure vor allem mit Styropor. Riesige Mengen werden davon verbraucht. Dieses Material ist sehr leicht und läßt sich gut verarbeiten. Mühelos können damit dicke Felsbrocken, knorrige Bäume oder kunstvolle Denkmäler angefertigt werden. Als wichtigstes Handwerkszeug verwendet man glühende Schneidedrähte, die das Styropor zum Schmelzen bringen. Wie lautlose Sägen fressen sie sich durch die weiße Kunststoffmasse. Die Dämpfe, die dabei entstehen, sind allerdings so giftig, daß die Leute in der Kascheurwerkstatt immer einen Atemschutz brauchen.
Sascha hat einen Steinhaufen am Fußboden entdeckt. Vorsichtig versucht er, einen Brocken hochzuheben. Er ist federleicht. Den könnte er sogar Mischa an den Kopf werfen, ohne ihm auch nur im geringsten weh zu tun. Tobias, einer der Kascheure, hat gut gearbeitet. Jeden einzelnen Stein hat er aus einem großen Stück Styropor herausgeschnitten, dann die Oberfläche mit einer Kunststoffmasse geglättet und schließlich angemalt.

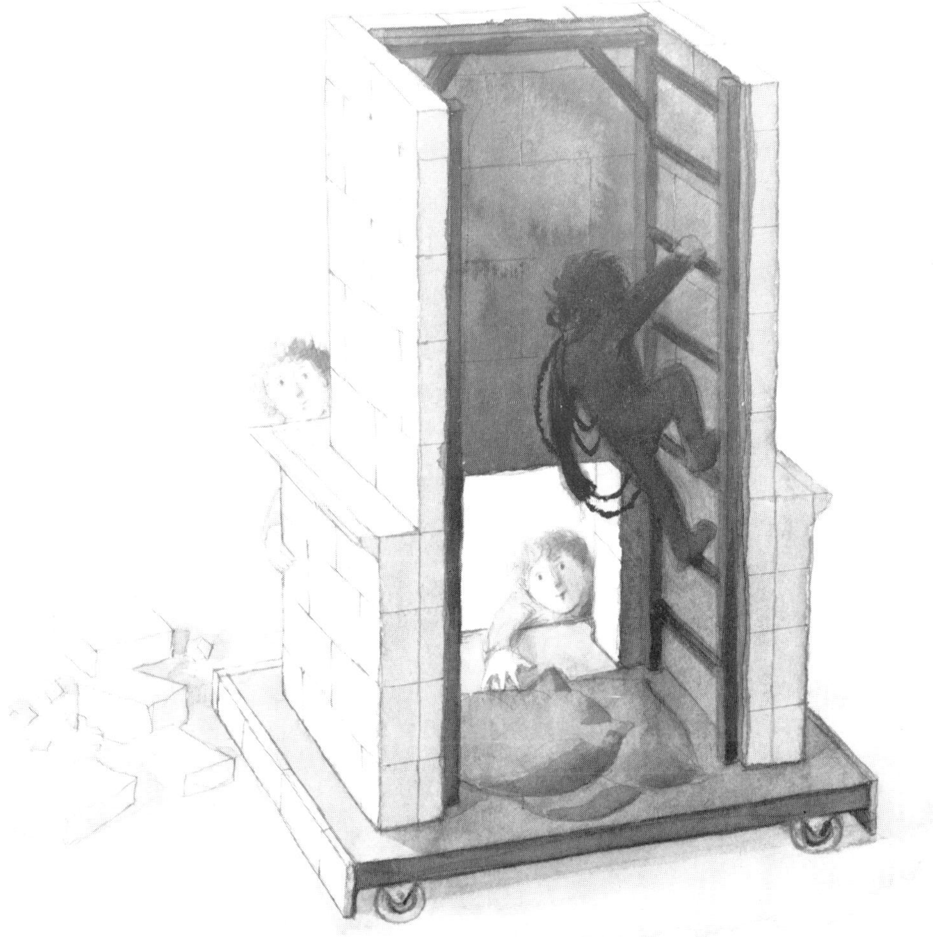

Auch der Kamin für die Kinderoper wird aussehen, als wäre er von einem gelernten Ofensetzer Stein für Stein gemauert worden. Allerdings nur von vorne. Die Rückseite, die das Publikum nicht sehen kann, ist offen. Im weißen Styropor steht ein Holzgestell mit einer Leiter. Hier wird der kleine Sam hochklettern. Aber natürlich nur ein paar Stufen, von denen er sich dann mit einem Schrei herunterfallen läßt. Schließlich muß er ja in seiner Rolle auf der Bühne diesen ›gefährlichen‹ Sturz bei jeder Aufführung heil überstehen!

Ein Meisterstück aus der Kascheur-Werkstatt: Riesenkopf mit ›Einstieg‹ durchs Nasenloch!

Kostüme nach Maß und Stil

Allmählich können sich die Kinder vorstellen, wie ihr Bühnenbild einmal aussehen wird. Nur leider passen sie mit ihren Jeans und Turnschuhen nicht in ein englisches Kinderzimmer aus dem Jahre 1810. Farbe und Stil der Kostüme müssen mit dem Bühnenbild genau übereinstimmen. Das Textbuch der Kinderoper verrät nicht allzuviel. Hier ist nur ein Hinweis auf wehende Röcke und Schutenhüte zu finden. Aber darunter können sich Sophie, Jakob, Simon und die anderen Schauspieler nur wenig vorstellen.
Hier kennt sich am besten die *Kostümbildnerin,* Reri Marcus, aus. Sie weiß, welche Kleider damals Mode waren, welche Stoffe, welche Farben und Muster, welche Schuhe oder Hüte man um 1810 in England trug. Damit die Kinder ihre Kostüme kennenlernen, hat Reri Marcus ein paar Zeichnungen mitgebracht: die *Figurinen.* Jede Figur, die in der Oper eine Rolle spielt und eingekleidet werden muß, ist hier im Kostüm abgebildet. Diese Skizzen dienen als Vorlage für die Kostüme.

Reri Marcus nimmt ihre Schauspieler mit in den *Kostümfundus* (von lat.: fundus = Bestand). Das ist ein großer Raum, in dem Tausende von Kostümen aufbewahrt werden. Viele sind in Plastikfolie verpackt, damit sie nicht verstauben. Andere Kostüme, die immer wieder gebraucht werden, hängen offen da. In langen Reihen an Kleiderstangen, zwei ›Stockwerke‹ übereinander. Wie viele Grafen und Prinzessinnen, Zigeunerinnen und fahrende Sänger, Tänzerinnen, Diener, Kammerzofen und Hofnarren, Mohren und Haremsdamen könnten hier eingekleidet werden! Sophie bahnt sich einen Weg durch Tüll und Spitzen, goldbestickte Uniformen und seidene Gewänder. Am liebsten würde sie in eines dieser knisternden Traumkleider schlüpfen. Reri Marcus hat nichts dagegen. Und auch für Simon angelt sie einen samtenen Gehrock mit viel zu breiten Schultern und überlangen Beinkleidern von der Stange herunter.

Nebenan in der *Rüstkammer* stehen ein paar geharnischte Ritter herum. Helme, Pickelhauben und Schilder liegen in Regalen. Schwerter und Federbüsche lugen aus Pappschachteln hervor.
Reri Marcus runzelt die Stirn. Sie merkt, daß sie hier keine passenden Kostüme für die Kinder findet. Vielleicht könnte man das eine oder andere Kostüm kürzen oder umnähen? Aber dann werden sie wohl kaum in der Farbe zueinander passen. Nein, am besten werden neue Kostüme angefertigt! Sophie, Simon, Jakob und ihre Freunde sind begeistert. »Welche Ehre für die Damen und Herren Schauspieler!« verrät Reri Marcus ihnen; denn nicht bei jeder neuen Inszenierung werden neue Kostüme genäht. Für Nebenrollen werden oft Kleider aus dem Fundus umgearbeitet, verändert und ergänzt. Bei Neuinszenierungen von Opern, in denen große Chöre mitspielen, werden manchmal bis zu 500 Kostüme gebraucht. Für Wagners ›Meistersinger‹ zum Beispiel. Dann läuft der Betrieb in den Werkstätten auf Hochtouren. Alle Schneider, Hutmacherinnen, Schuhmacher und Gürtelmacher, alle Kostümmaler, Wäscherinnen und Büglerinnen sind voll beschäftigt. Sie verarbeiten jede Art von Stoffen, vom einfachen Nessel bis zum kostbaren Brokat oder Seide.
Bald lernen die Kinder auch die Werkstätten kennen, in denen ihre Kostüme

In der Schneiderwerkstatt.

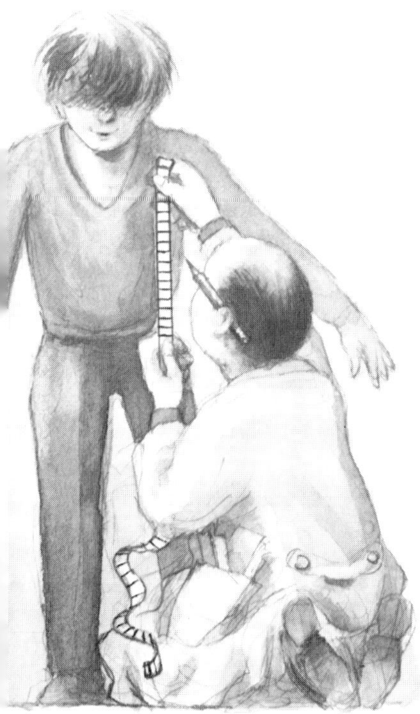

gemacht werden. Bis sie von Kopf bis Fuß eingekleidet sind, dauert es noch eine Weile. Zunächst wird Maß genommen und später probiert. Nicht die kleinste Kleinigkeit darf bei den neuen Kostümen fehlen. Sogar Unterwäsche, Socken, Kragen, Gürtel, Westen, Hemden und Beinkleider werden nach Maß und Stil angefertigt.

Gute Stoffe und stabile Nähte sorgen dafür, daß sich die Schauspieler auf der Bühne ungehindert bewegen können. Verschwitzte und zerknitterte Kleider werden übrigens nach jeder Aufführung gereinigt und gebügelt.

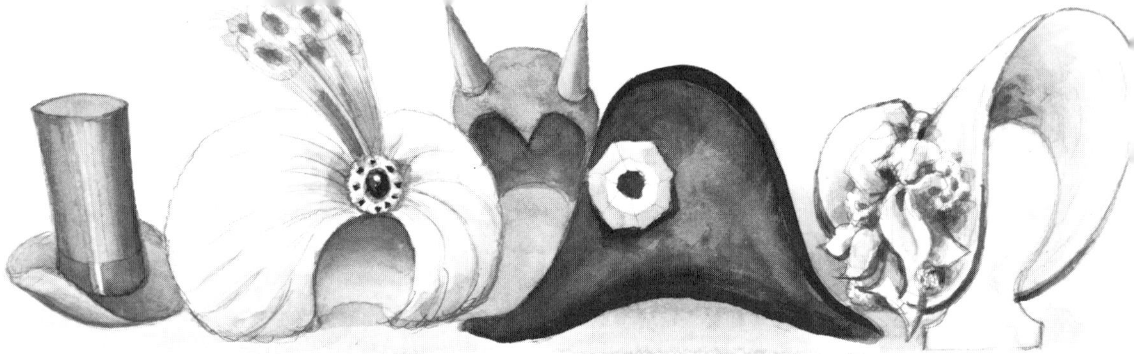

In der *Putzmacherei* erfährt Sophie, was ein Schutenhut nun eigentlich ist. Hier in der Werkstatt der Hutmacherinnen wird Kopfputz aller Art hergestellt: Hüte, Mützen, Kappen, Helme. Der Schutenhut von Fräulein Bagott ist schon in Arbeit. Er sitzt auf einem der vielen herumstehenden Styroporköpfe.

In der *Schuhmacher-Werkstatt* sehen die Kinder nun zum ersten Mal, wie ein Schuh gemacht wird. Bisher wurden ihre Schuhe alle im Schuhgeschäft gekauft. Allerdings möchten sie die altmodischen, schwarzen Schnürstiefel, die ihnen jetzt angepaßt werden, nie gegen ihre bequemen Turnschuhe tauschen.

Alle Arten von Schuhen stehen in den Regalen dichtgedrängt nebeneinander. Zierliche, perlenbestickte Seidenschuhe, schwarze Lackstiefel mit glänzenden Sporen, rosa Ballerinenschläppchen. Sophie entdeckt einen schwarzroten Riesenschuh, den der Schuhmacher eben auf einen Leisten gespannt hat. Quadratlatschen für einen Clown! Damit er sie nicht auf der Bühne verliert, wird ein enganliegender Innenschuh eingebaut.

Auch hier verwendet der Schuhmacher nur bestes und feinstes Leder, damit der Fuß atmen kann. Auf der Bühne wird es durch die vielen Scheinwerfer sehr heiß. Zudem müssen die Spieler meistens lange stehen, gehen oder tanzen, und das ist für die Füße sehr anstrengend. Da brauchen sie gute Schuhe.

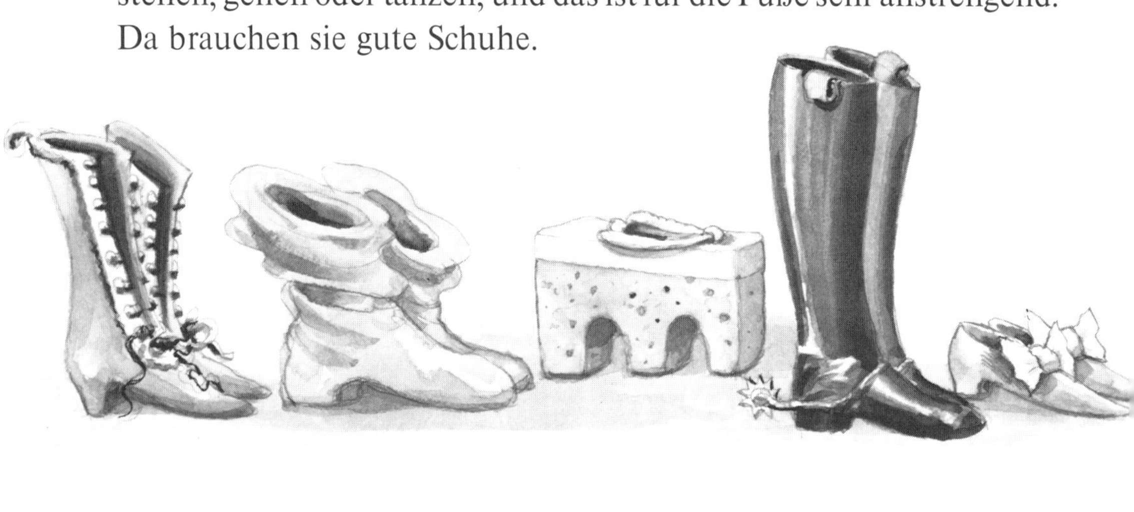

Für besondere Wünsche ist Herr Filsmaier zuständig. Er ist als Schneider schon lange Jahre hier an der Oper beschäftigt. Im eleganten Kleid einer spanischen Tänzerin kann er Spitzen und Rüschen verbergen, die bei Sprüngen oder während des Tanzens überraschend aufspringen. Er sorgt auch dafür, daß Requisiten im Kostüm versteckt werden können. Blitzschnell kann so der Schauspieler einen Dolch, einen Beutel mit Goldstücken oder eine Zauberflöte aus den Falten seines Gewands zaubern.
Oft gehört es zu Herrn Filsmaiers Aufgaben, ein neu angefertigtes Gewand künstlich altern zu lassen, damit es auf der Bühne abgetragen und zerlumpt wirkt. Eingerissene Löcher, alte Flicken oder Fransen gelingen ihm täuschend echt.
Übrigens ist Herr Filsmaier auch in der Lage, einem zu dünn geratenen Spieler so viel Wattierung unter das Wams zu ›bauen‹, daß er einen stattlichen Bauch bekommt. Damit sich die Kinder das alles besser vorstellen können, zieht er ein paar alte Fotos aus der Schublade. Lauter Schneiderkunststücke!

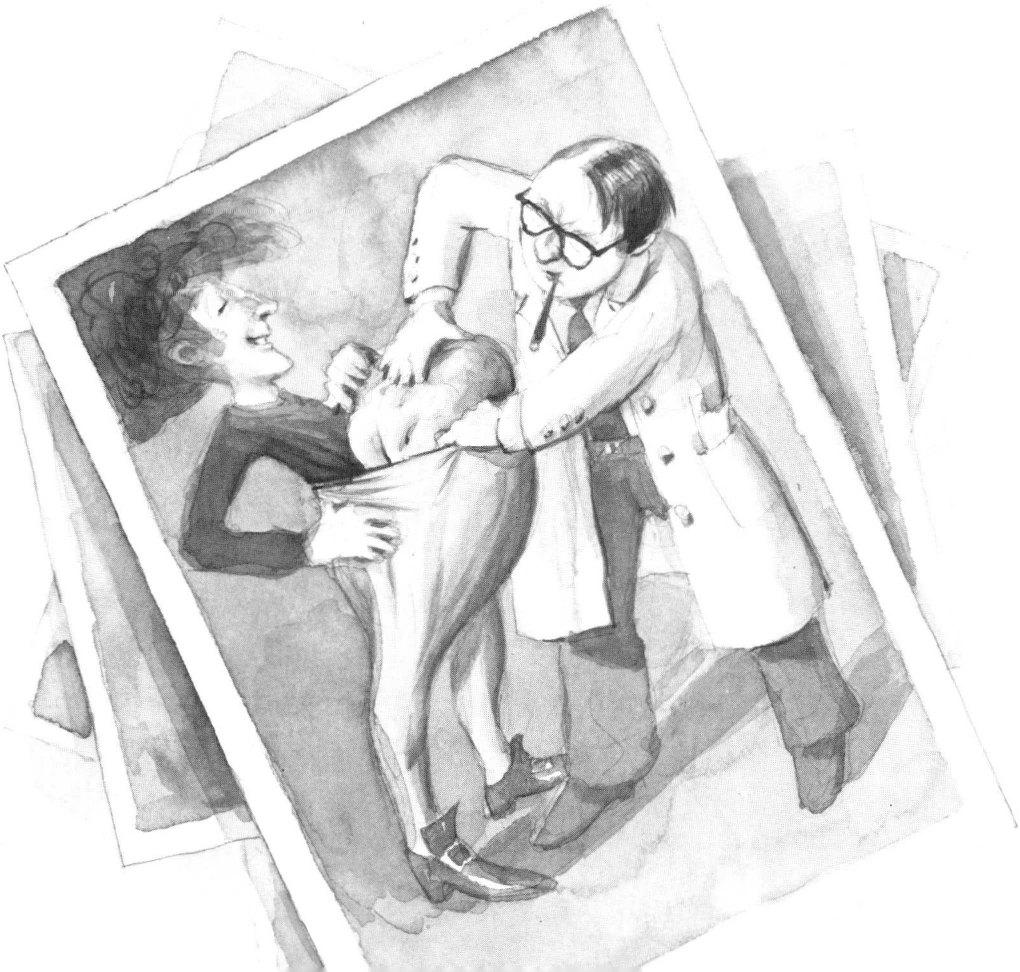

In der Maskenwerkstatt

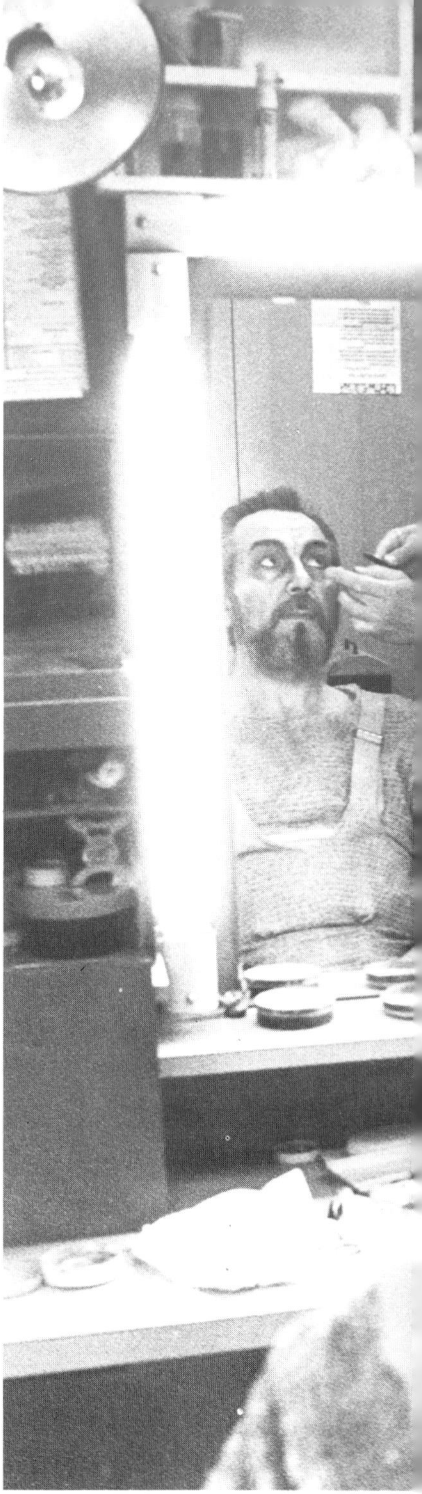

Etwa eine Woche vor der Hauptprobe lernen die Kinder die *Maskenbildnerin* kennen. Was wäre ein Kostüm ohne Maske? Mit Haut und Haaren sollen die kleinen Schauspieler so aussehen, wie es zu ihrer Rolle paßt.

Wenn Susan, die Maskenbildnerin, von Maske spricht, meint sie nicht immer eine Maske, die man aufsetzen und wieder abnehmen kann. Solche Masken entstehen hier zwar auch. Meist aber werden die Masken in dem großen Schminkraum mit den vielen Spiegeln direkt auf die Haut gezaubert.

Jeder Schminkplatz hat seine Lampe. Darunter, auf der Ablage, liegt das Handwerkszeug der Maskenbildner: Schminktöpfe mit Gesichts- und Körperfarben, Puder, Pinsel, Bürste, Kamm, Haarspangen, Haarnadeln, Spray. Und über den einzelnen Schminkplätzen liegen auf schmalen Regalbrettern Masken, Bärte, Haarteile und Perücken für die Abendvorstellung bereit. Mozartzöpfe, Glatzköpfe mit spärlichen Haarbüscheln an den Seiten, Lockenmähnen. In dieser Maskenwerkstatt ist kein Gesicht unmöglich.

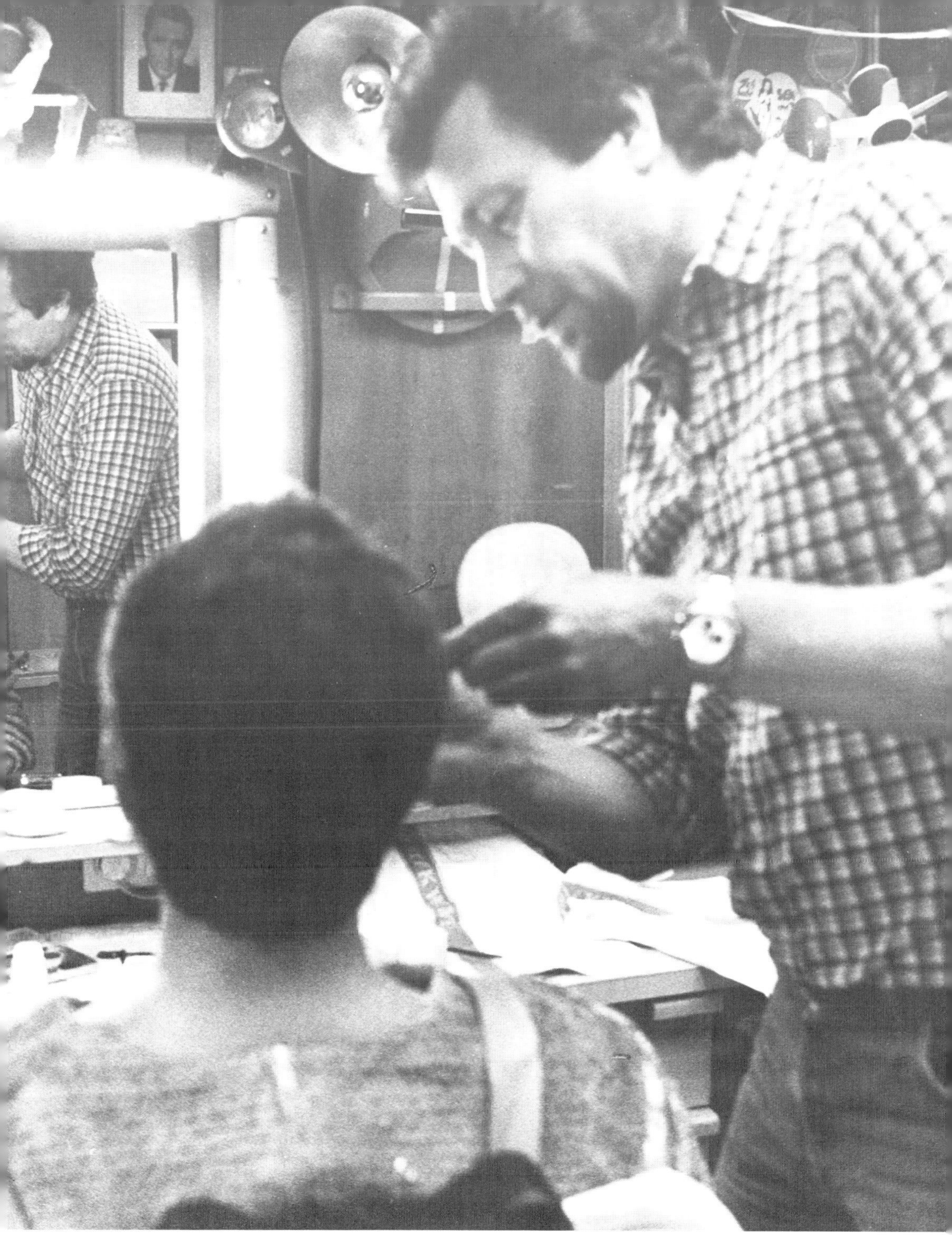

Ob alt oder jung, ob bärtiger Pirat, König mit Hakennase, hohlwangiger Gefangener, ob augenrollender Mohr oder Königin der Nacht mit Glitzerwimpern – in der Maskenwerkstatt ist jeder Typ zu haben.

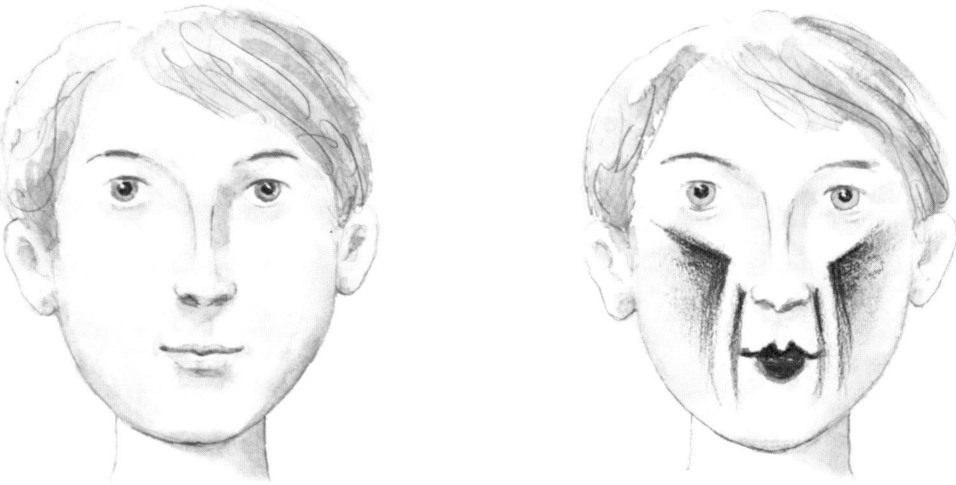

»Wer von euch möchte ein neues Gesicht?« fragt Susan. Jakob hat sich blitzschnell auf den Stuhl vor dem Schminkplatz gesetzt.
»Na warte, du wirst dich kaum wiedererkennen«, sagt die Maskenbildnerin geheimnisvoll. Gespannt schauen die Kinder zu, wie sich Jakobs Gesicht allmählich verändert. Herabgezogene Mundwinkel, eine scharfe Nase und ein paar Falten genau an den richtigen Stellen. Susan greift nach einem Plastikkopf und nimmt die Perücke herunter. Es ist die Frisur für die Sängerin, die das strenge Fräulein Bagott spielt. Während sie Jakob die Perücke mit Nackenknoten aufsetzt, lacht sie: »Schade, daß diese Rolle schon besetzt ist. Du wärst der Traumtyp dafür.«
Nach Jakob ist Simon an der Reihe. Als Kaminfeger Sam muß Simon nicht nur eine Maske fürs Gesicht bekommen, sondern auch eine für den ganzen Körper. Denn ehe der Schornsteinfeger ihn zum Kamin hochjagt, zieht er Sam fast alle Kleider aus. Er darf aber erst, wenn er aus dem Kamin fällt, vom Kopf bis zu den Zehenspitzen verrußt und dreckig aussehen. Deshalb kann Simon nicht, wie die anderen Schauspieler, vor der Aufführung im Schminkraum angemalt werden.
Susan muß also während des Spiels mit ihrer schwarzen Farbe hinter den Kulissen warten. Da der Kamin ab einer bestimmten Höhe auf der Rückseite offen ist, sieht sie Sams Wuschelkopf auf der Leiter erscheinen. Damit sie zu ihm heraufreicht, braucht sie ein kleines Podest. Von dort aus wird sie Sam in Windeseile von oben bis unten schwarz schminken.

»Und wie kriege ich die schwarze Farbe wieder ab?« fragt Simon etwas besorgt. »Das laß unsere Sorge sein! Wir schrubben dich auf offener Bühne in der Badewanne.« Jakob lacht und schlägt Simon auf die Schulter. »Auf diese Szene freue ich mich schon heute!«
Susan findet Simons Bedenken ganz in Ordnung. Es ist schließlich keineswegs üblich, daß sich ein Schauspieler auf der Bühne von anderen Schauspielern abschminken läßt. »Wir fetten dich vorher etwas mit Creme ein. Dann geht die Farbe schneller ab und deine Haut wird geschont«, erklärt sie weiter. »Normalerweise brauchen wir sowieso zum Abschminken keinen Tropfen Wasser.« Susan schiebt Simons Ärmel zurück und schreibt etwas mit schwarzer Farbe auf den nackten Arm: SAM. Dann nimmt sie Fettcreme und wischt die Buchstaben mit einem Wattebausch wieder ab.
Auch das Abschminken gehört zu den Aufgaben der Maskenbildner. Jede Maske wird nach dem Spiel sorgfältig wieder abgenommen. Abgeschminkt, geduscht und frisiert verlassen die Schauspieler das Theater. Und auch der allerschwärzeste Sam wird als weißer Simon wieder nach Hause gehen können.

An der Lichtorgel

Proben und Vorbereitungen finden auch für die Kinder statt, die ihre Rollen ›hinter‹ den Kulissen spielen. Moritz hat bereits am Vorhang, Mischa bei der Arbeit am Bühnenbild manches gesehen und selbst mitgearbeitet. Heute ist nun Jenny von Jan, dem Beleuchter, nach der Schule wieder ins Theater bestellt.
Jan öffnet die schwere Eisentüre zur Bühne. Jenny huscht hinter ihm her. ›Für Unbefugte Zutritt streng verboten‹. Immer wieder tauchen solche Schilder im Bühnenbereich auf. Jan klettert eine Leiter hinauf. Als ›Befugte‹ darf Jenny mal kurz mit hoch. Ausnahmsweise, denn Jan paßt auf, daß nichts passiert. Sie kommen auf eine Galerie. Auf diesem schmalen Steg, der in halber Höhe an der Wand des Bühnenraums entlangläuft, kann gerade eine Person gehen. Von hier aus führen Stege wie schwankende Hängebrücken von einer Wand zur anderen quer über die Bühne.
Jenny schaut hinunter. Da unten liegt die Bühne, etwa 25 Meter tiefer. Jan und Jenny befinden sich im Schnürboden. Von Boden kann hier allerdings keine Rede sein. Jenny hat eher das Gefühl, den Boden unter den Füßen zu verlieren. Im Schnürboden hängt alles in der Luft. Vorhänge, Prospekte und Bühnenbildteile sind dort an Stahlschnüren aufgehängt. Jenny schaut hinauf ins Halbdunkel des hohen Bühnenraums. Wie viele Meter noch bis zum Dach? Jan schätzt etwa 7 Meter. Nicht von ungefähr nennt man diesen hohen Teil des Theatergebäudes den Bühnenturm.
Wo man hinschaut, Leitern, Kabel, Schalter, Regler. Und überall reihenweise Scheinwerfer! Sie können dem Bühnenraum, der ja ohne Fenster ist, künstliches Licht in allen Farben und Schattierungen geben, und zwar von allen Seiten und Richtungen.

Im ›Spiellicht‹. Blick von der Beleuchtergalerie über die Bühne.

Noch liegt die Bühne unten im *Arbeitslicht.* Gleich wird sie jedoch in warmes und stimmungsvolles *Spiellicht* getaucht sein. Die Beleuchter sind an der Arbeit. Während Jenny aus Sicherheitsgründen nun doch wieder auf die Galerie zurückgehen muß, fährt Jan auf einer der fahrbaren *Beleuchter-Brücken* etwas nach hinten. Von dieser Brücke aus kann Jan eine Reihe von Scheinwerfern bewegen und das Licht auf das Bühnenbild richten.

Auch an den Seiten befinden sich solche Scheinwerfer, wie sie Jan über der Bühne bedient. Übereinander angeordnet bilden sie regelrechte Türme. Dieses seitliche Licht sorgt dafür, daß die Bewegungen der Darsteller plastischer zur Wirkung kommen.

Oberlicht
Verfolger
Projektion
Streiflicht
Rampenlicht

Heute, bei der *Beleuchtungsprobe,* sind allerdings die Sänger und Schauspieler, die beim Stück selbst mitspielen, nicht dabei. Auf der Bühne sind Leute in Straßenkleidung. *Statisten* nennt man sie (von lat.: stare = stehen). Ihr Job ist es, auf der Bühne zu stehen. Sie stehen da wie Schachfiguren, stellen sich dahin und dorthin. Sie laufen bestimmte Wege ab, so wie es im Regiebuch eingezeichnet ist. Währenddessen können die Beleuchter ihr Licht in Ruhe ›einrichten‹ oder auf bestimmte Personen und Punkte auf der Bühne ›ausrichten‹. Diese Proben sind anstrengend für alle und dauern oft stundenlang. Scheinwerferstände befinden sich auch vorne an der Rampe, im Zuschauerraum an der Decke, in den Logen an den Seiten und oben bei den Rängen in der Mitte. Jenny darf jetzt für ein paar Augenblicke selbst einen solchen Scheinwerfer übernehmen. Etwas später sitzt sie an einem *Verfolger*-Scheinwerfer und ist einem Statisten auf den Fersen. Der Lichtkegel verfolgt ihn auf seinem Weg über die Bühne.
Wenn Jenny wollte, könnte sie ihn sogar mit ein paar schlauen Tricks in ein lilagelbgestreiftes Fabelwesen verwandeln. Sie könnte ihn einfach mirnichtsdirnichts in grünem Dschungelgewirr oder in einem roten Spiralnebel verschwinden lassen. Denn Jan hat ihr schon vor ein paar Tagen verschiedene Zaubereien mit Licht gezeigt. Dafür braucht sie keinen Scheinwerfer, sondern einen *Projektor.* Mit Hilfe solcher Apparate können Bilder auf die Bühne geworfen werden: Projektionen zur Darstellung von Feuer, Wolken und Wasser, von Landschaften und Gebäuden. Sie werden auf Folien geworfen. In vielen Opern übernehmen solche ›Licht-Bilder‹ die Funktion eines gemalten Bühnenbilds.
In der Kinderoper darf Jenny auch einen Projektor bedienen. Er wird Text und Noten für die Chorlieder auf eine Folie über der Bühne projizieren. So können die Zuschauer der Kinderoper das Lied ablesen und gleichzeitig auf den Dirigenten achten.
Ob Buchstaben oder Notenlinien, ob Morgendämmerung oder Nachtstimmung, grelle Blitze, rotierende Feuerkugeln, brodelndes Meer, flackerndes Kerzenlicht oder strahlende Applausbeleuchtung – bei über 1000 Scheinwerfern ist kein Licht unmöglich.

An seinem Pult in der *Beleuchterloge* über dem Zuschauerraum kann der *Beleuchtungsmeister* mit dem Licht wie auf einer riesigen, superelektronischen ›Licht-Orgel‹ spielen. Und in der Tat sieht dieser Raum mit den unzähligen Schaltern und Reglern wie eine Mischung zwischen Orgel-Spieltisch und Flugzeug-Cockpit aus. Hier fehlt nicht einmal der Computer. Er ist ein wichtiger Helfer für den Beleuchter. Einstellungen für bestimmte Lichtstimmungen werden von ihm gespeichert.

Nur das Abrufen, das ist das Herunterdrücken des richtigen Schalters im richtigen Moment, geschieht per Hand. Denn in der Oper gibt die Musik den Ton an. Und die läßt sich nicht steuern wie ein Computer. Sie läuft nicht automatisch ab, nicht auf die Sekunde genau, nie im gleichen Tempo! Deshalb ist keine Aufführung wie die andere.

»Stell dir vor, das Orchester spielt einen Mordsdonner und der Blitz kommt erst eine Sekunde später, nicht auszudenken«, sagt Jan und setzt sich die Kopfhörer auf. Jetzt kann er die Musik mithören. Auch die Noten liegen aufgeschlagen da. Zudem hat er durch eine Glasscheibe freien Blick auf die Bühne. Auf ein Stichwort, auf den Takt und die Note genau kann er die Lichtstimmung während des Spiels auf der Bühne verändern. »Alles klar, Jenny?« Jan schiebt seiner neuen Mitarbeiterin Kopfhörer über die Ohren.

Im Souffleurkasten

Auch ›Einblasen‹ will gelernt sein! Zwar hat Sascha dies bereits in der Schule mit Erfolg geübt. Er hat auch bei jeder Probe zur Kinderoper den Text leise für seine Freunde mitgesprochen. Aber für eine richtige Opernaufführung muß er es noch besser können. »Am besten, du übst es nicht nur in der Kinderoper, sondern du erlebst auch Proben und Aufführungen anderer Opern mit«, meint Herr König und nimmt

Sascha während einer Durchlaufprobe für eine große Oper mit in den Souffleurkasten.
»Letzte Station vor der Hauptprobe«, erklärt er. »Die Oper soll heute möglichst ohne Unterbrechung durchlaufen. Ein Teil des Bühnenbilds steht bereits. Außerdem wird heute zum ersten Mal in Kostüm und Maske gespielt.«
Um in den Souffleurkasten zu kommen, müssen Sascha und Herr König durch Räume gehen, die unter der Bühne liegen. Sie öffnen eine Eisentür. Ein paar Stufen führen zu einem Stuhl hinauf. Von diesem Stuhl aus kann Sascha einen Teil der Bühne überblicken. ›Gemütlich, hier unten...‹, denkt er sich. ›Stuhl, Lesepult, Lampe und alle die vielen Zettel mit Souffleurwitzen an den Wänden, fehlt nur noch etwas zu essen und zu trinken.‹
Herr König nimmt Platz. Er legt den Klavierauszug vor sich auf das Pult. Sascha entdeckt einen zweiten Stuhl gleich neben ihm. Hier sitzt sonst während der Aufführungen der Regisseur, sein Assistent oder der Repetitor. Heute jedoch sitzt der Regisseur im Zuschauerraum hinter seinem Regiepult. Der Repetitor spielt am Klavier im abgesenkten Orchestergraben. Zum letzten Mal vertritt er das Orchester.
Als die Probe beginnt, hat Herr König nur noch Augen und Ohren für das, was auf der Bühne geschieht. Er selbst war auch einmal als Schauspieler und Sänger auf den Brettern gestanden. Aber das ist schon lange her. Allerdings weiß er noch genau, wie angespannt und aufgeregt er damals während der letzten Proben vor einer Premiere war.
Heute spielt er unsichtbar seine Rolle. Keiner der Zuschauer wird ihn je in seinem Versteck an der Bühnenrampe entdecken. Er hat den leisesten Job im Opernhaus. Und doch ist er sehr wichtig. Er konnte schon manche Panne verhindern. Und wer weiß, ob ohne ihn die eine oder andere Vorstellung nicht anders abgelaufen wäre?
Sascha beobachtet Herrn König aufmerksam von der Seite. Herr König flüstert den Text. Man merkt ihm an, daß er als Schauspieler sprechen gelernt hat. Seine Mundbewegungen sind überdeutlich. Immer ist er um einen Satz voraus. Ahnt er, wo die Darsteller stecken bleiben könnten?

Der unsichtbare Helfer in der Flüstermuschel: der Souffleur.

Sänger und Schauspieler brauchen diese Hilfe. Denn sie müssen über ein großes *Repertoire* verfügen. Das bedeutet, sie haben viele Texte und Melodien auswendig im Kopf. Dabei werden Opern auch oft in anderen Sprachen gesungen. Es gibt Werke in italienischer, französi-

scher, ja sogar lateinischer oder altgriechischer Sprache. Kein Wunder, daß jeder Darsteller für seine Rolle eine Gedächtnisstütze braucht!
Herr König kennt jeden Sänger. Er merkt sich die Stellen, die schon in den Proben nicht ganz sicher waren. Da er immer Text und Noten vor sich liegen hat, kann er den Darstellern sogar bei schwierigen musikalischen Einsätzen Zeichen geben. Unsichere Sänger spielen sich oft unmerklich näher an den Soffleurkasten heran. Dann können sie die geflüsterten Stichworte besser verstehen.
Nach einer Pause geht das Spiel auf der Bühne weiter. Es ist eng und heiß im Souffleurkasten. Sascha kann sich kaum bewegen. Er hat aufgehört, in Herrn Königs Notenbuch mitzulesen und lehnt sich zurück. Wenn nur sein Stuhl höher wäre! So kann er nicht allzuviel von dem sehen, was auf der Bühne vor sich geht. Er bemerkt nur vorbeihuschende Menschen in wallenden Gewändern, in Stiefeln und buntbestickten Schuhen. Beine, nichts als Beine, die Theater spielen. Vom Gesang kann Sascha nur wenig verstehen. Er träumt, träumt von lauter geflüsterten Worten, die in Sprechblasen aus dem Souffleurkasten auf die Bühne schweben.
Endlich, nach einer langen Stunde ist das Stillsitzen zu Ende. ›Oper, das ist doch nicht meine Sache‹, denkt Sascha, ›eine Cola wäre mir lieber.‹ Er streckt seine eingeschlafenen Beine aus. Es fühlt sich an wie tausend kribbelnde Ameisen.
Herr König steht auf. Er schlägt sein Buch zu und lächelt zu Sascha hinüber. »Ab morgen bist du dran. Von jetzt ab souffliert du für eure Oper von hier unten aus. Bald ist Premiere.«

Endlich ist es soweit! Vor der Generalprobe wird das Bühnenbild der Kinderoper aufgebaut. Mischa und seine Freunde schauen zu, wie das einst so kleine Modell in seiner vollen Größe aufgestellt wird. Und sie helfen sogar mit. Schließlich sollen einige von ihnen während der Aufführung selbst einen Teil des Aufbaus bei offenem Vorhang vor den Augen des Publikums übernehmen.
Der Auf- und Abbau der einzelnen Bühnenbildteile muß immer wieder geprobt werden, bis schließlich jeder weiß, wie und wo er anpakken muß, um das Riesenpuzzle zusammenzusetzen. Jeder Handgriff soll sitzen.
»Voooorsicht!« hört Mischa rufen. Hinter ihm bewegt sich der Bühnenboden. Der vordere Teil der Bühne wird abgesenkt. Bisher stand hier während der Bühnenproben das Klavier. Bald wird im Orchestergraben das Orchester Platz nehmen. Für Versenkungen, für die Drehbühne, eben alles, was durch Maschinen auf der Bühne bewegt werden kann, sind die *Maschinisten* verantwortlich.

Schalttafel im Maschinenraum.

Eine andere Gruppe von Bühnenarbeitern kümmert sich um alles, was im Schnürboden über der Bühne aufgehängt ist. Unter den genauen Anweisungen des *Schnürmeisters* darf Moritz den großen bemalten Prospekt herunterfahren. Damit kein Zuschauer den Übergang vom Bühnenbild zum Schnürboden sieht, werden oben an dieser Stelle kurze und bemalte Vorhänge angebracht. Man nennt sie *Soffitten.*

Inzwischen breiten Bühnenarbeiter das schwere *Bodentuch* aus. »Die Spieler dürfen nicht ausrutschen. Auch die Schritte klingen leiser als auf dem blanken Bretterboden der Bühne«, sagt einer der Arbeiter zu

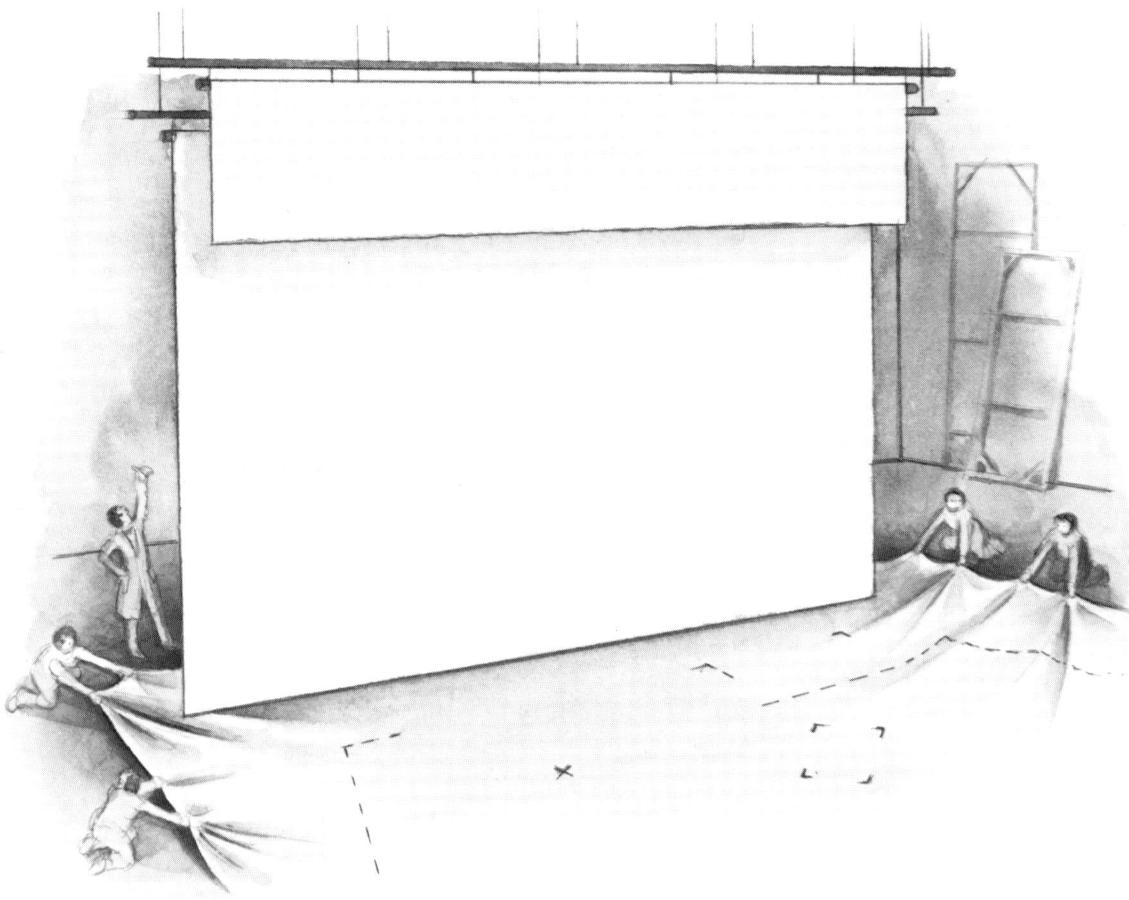

Mischa. Dieses Bodentuch paßt in seiner Farbe genau zum Bühnenbild. Es wird an den Enden so unter den Dekorationen befestigt, daß die Ränder nicht zu sehen sind.
Den Aufbau der seitlichen Dekorationsteile können die Kinder schon selbst übernehmen. Ein paar Bühnenarbeiter helfen ihnen dabei.
»Kommt steigt auf, wir fahren auf die Hinterbühne und holen die Möbel.« Mischa und Jakob lassen sich das nicht zweimal sagen. Sie springen auf den Wagen. Zusammen mit einem Trupp von Bühnenarbeitern helfen sie, die beweglichen Bühnenbildteile aufzustellen. Möbel und Teppiche werden herbeigeschleppt. Mischa entdeckt auf dem Boden einige Markierungen. Sie zeigen an, wo der Platz für die wichtigsten Möbelstücke sein soll.

Alle diese Tätigkeiten müssen Hand in Hand gehen. Nicht auszudenken, wenn bereits alles aufgebaut, aber das Bodentuch vergessen worden wäre! Herr Sarto, der Bühnenmeister, gibt seine Anweisungen. Er ist überall. Bei Umbauten, die nicht vor, sondern während einer Aufführung stattfinden, sorgt er dafür, daß die Arbeit nicht nur schnell, sondern auch leise vor sich geht. Lautes Schieben, Poltern oder Rufen würde während einer schönen Zwischenmusik doch sehr stören.
Das englische Kinderzimmer steht fertig da. Es füllt den Raum der großen Bühne aus. Nichts fehlt. Vorhänge an den Fenstern, Bilder an der Wand, Möbel, Teppiche, herumliegende Spielsachen und in der Ecke der große Kamin.
Herr Sarto wirft noch einmal einen prüfenden Blick auf die Bühne. »Gut gemacht«, sagt er anerkennend. »Und merkt euch: Griff für Griff, dann kann nichts schiefgehen. Also, bis heute nachmittag zur Generalprobe! Bis dahin haben wir alles wieder abgebaut, denn wenn euer Stück anfängt, muß die Bühne kahl und leer sein.«
Alle Bühnenarbeiter sind verschwunden. Nun gibt es für sie nichts mehr zu tun. Nur ein Mann steht noch da, der Beleuchtungsmeister. Er trägt ein Funksprechgerät bei sich und spricht zum Stellwerk hinauf. Dort hinter der Glasscheibe über dem Zuschauerraum kann Mischa zwei Figuren erkennen. Eine große und eine kleine. Jan und

Jenny? Der Beleuchtungsmeister, Mischa und die Kinder stehen plötzlich in strahlendem Licht. Anscheinend werden noch ein paar Lichteinstellungen geprobt. Der Beleuchtungsmeister reicht sein Funkgerät zu Mischa hinüber. »Jenny möchte dich sprechen.« »Hallo, Jenny?« ruft Mischa. »Du, Mischa, schön ist das Bühnenbild. Von hier oben sieht es wie dein Guckkasten-Modell aus. Nur noch viel, viel schöner.«

Premierenfieber!

Das Opernhaus läuft auf Hochtouren. Das Premierenfieber hat inzwischen alle gepackt. Es ist ansteckend wie Schnupfen.
»Noch 30 Minuten bis zum Beginn der Generalprobe.« Wie beim Raketenstart. Moritz sitzt neben Herrn Pichler am Pult des Inspizienten und spielt die ›sprechende Uhr‹.
Langsam finden sich die Mitspieler auf der Bühne ein. Nur Jakob fehlt noch. Er scheint noch gar nicht im Hause zu sein. Niemand hat ihn gesehen. »Ob er wohl die Straßenbahn verpaßt hat?« fragt Sophie.
»Das werden wir gleich klären«, sagt Herr Pichler. »Moritz, ruf doch nochmal durchs Haus, wo Jakob steckt. Vielleicht braucht er eine extra Aufforderung.«
»Jakob, bitte auf die Bühne kommen.« Man hört es überall, in den Garderoben, in den Duschräumen und Toiletten, im Treppenhaus, in der Kantine. Tatsächlich dauert es nicht lange, und Jakob taucht auf der Bühne auf. Er steckte beim Orchester im Orchestergraben, wo er sich vom Fagottisten ein paar Töne zeigen ließ.
»Deine Nerven möchte ich haben«, sagt Moritz vorwurfsvoll. »Dabei weißt du ganz genau, daß alle Mitspieler spätestens eine halbe Stunde vor Beginn jeder Aufführung in Maske und Kostüm hier auf der Bühne sein müssen.«
»Im ersten Akt sind wir weder geschminkt noch im Kostüm. Wir spielen in Jeans und Pullover, so wie wir sind. Wenn aber der Herr Vorhangzieher will, daß wir hier stundenlang zwischen den Kulissen herumzittern, bitte sehr«, mault Jakob.
Sophie steht am Guckloch des Vorhangs. »Es kommen schon Leute.«
Ja, es hat sich herumgesprochen. Generalprobe der neuen Kinderoper. Angehörige des Theaters und ihre Bekannten und Freunde, die Mitarbeiter der Werkstätten und Büros sind neugierig, was nun bei der aufregenden Arbeit der vergangenen Tage und Wochen herausgekommen ist. Sie alle haben ihre Kinder mitgebracht.
»Und wenn ich nun vor Lampenfieber wieder alles vergesse?« fragt Sophie Peter Rabe. Der Regisseur beruhigt sie. »Die Generalprobe ist

nicht nur dafür da, das Stück zu proben. Wir stellen auch unsere Nerven auf die Probe, und deshalb ist es wichtig, daß schon heute Zuschauer dabei sind.« Dann beugt er sich herunter und flüstert Sophie ins Ohr: »Nicht weitersagen. Aber es gibt da einen alten Theateraberglauben: je schlechter die Generalprobe, desto besser die Premiere. Es kann also gar nichts schiefgehen.« Sophie schluckt, das flaue Gefühl im Magen ist etwas besser geworden. Trotzdem zieht es sie immer wieder zu diesem Guckloch im Vorhang. »Hier, Sascha, schau, die Fotografen sind auch schon da«, flüstert sie Sascha zu und läßt ihn einen Blick durchs Guckloch werfen.

»Das hat uns sicher der Dramaturg eingebrockt. Der kennt alle Zeitungen. Soviel ich weiß, ist das aber bei Generalproben immer so. Während der Premiere ist das Fotografieren nicht erlaubt«, sagt Sascha.
»Mannomann, ihr werdet sehen, morgen kommt ein Bild von unserer Aufführung in die Zeitung. Dann haben es auch die letzten begriffen, daß die Kinderoper gespielt wird. Ob die aus meiner Klasse alle zur Premiere kommen?« fragt Jakob und versucht, Sascha zur Seite zu schieben.
»Angeber!« sagt Sascha und drückt dagegen. Zwei Köpfe kämpfen um einen Blick durch ein kleines Guckloch. Der Vorhang beginnt sich zu bewegen. Jemand nimmt Sascha und Jakob bei den Schultern. Es ist der Dirigent David Noe. »Denk dran, Jakob, dreh mir nicht wieder den Rücken zu, sonst klappt es mit dem Einsatz nicht. Du kennst die Stelle. Auch Sascha im Souffleurkasten kann dir dann nicht mehr helfen. Im übrigen ist es jetzt höchste Zeit, Sascha. Du mußt nach unten in deine Flüstermuschel. Es geht gleich los. Also: toi, toi, toi, ihr beiden!«
Immer wieder ist die sprechende Uhr aus der Loge des Inspizienten zu hören. Noch 15, noch 10, noch 5 Minuten …
Jenny ist mit Jan auf einen der fahrbaren Beleuchtertürme geklettert. Bei dieser Aufführung machen die Beleuchter viele Lichteinstellungen mit der Hand.
Längst hat sich auch der Requisiteur, Herr Bachmeier, hinter den Kulissen eingefunden. Er überfliegt noch einmal seinen Zettel. Nein, nichts fehlt. Alle Requisiten, die beim Spiel auf der Bühne gebraucht werden, liegen da, der Reihe nach. Persönlich wird er sie vor dem Auftritt jedem in die Hand drücken.
»Stein gegen Schere …« Camilla knobelt leise noch ein bißchen mit Sophie. Damit sie das Lampenfieber vergißt. »Im übrigen ist es auf der Bühne hell und im Zuschauerraum dunkel. Das Publikum ist nicht zu sehen. Da unten könnten also genausogut Radieschen, Kartoffeln oder Tomaten sitzen.«
Und dann kommt der Augenblick, an dem Moritz auf den Knopf drückt. Langsam und unaufhaltsam öffnet sich der Vorhang.

Das erstaunte Publikum sieht nur ein paar Kinder auf der Bühne. In Jeans und Turnschuhen. Ein Kind kommt auf die verrückte Idee: »Wir machen eine Oper!« Gesagt, getan, das Spiel beginnt. Da wird überlegt, erfunden, geprobt. Ein Stück Opernwerkstatt läuft vor den Augen der Zuschauer ab.
Und wie groß ist die Überraschung, als im dritten Akt wirklich die Oper ›Vom kleinen Kaminfeger‹ aufgeführt wird.
Jetzt endlich hat der Dirigent seinen Pullover mit dem dunklen Anzug vertauscht. Im Orchestergraben sitzen die Musiker. Ein richtiges Bühnenbild mit stilecht gekleideten Kindern ist zu sehen. Nach den ersten beiden turbulenten Akten, in denen viel Durcheinander zum Spiel gehörte, haben sich die Kinder ›freigespielt‹. Auch Sophie hat endlich ihr Lampenfieber verloren. Alles läuft ohne Zwischenfälle ab.

Peter Rabe am Regiepult atmet auf, als sich der Vorhang schließt. Erleichtert schlägt er sein Regiebuch zu. Außer ein paar kleinen Pannen ist alles gut gegangen. Das wird er nachher noch besprechen.
Der Beifall ist groß. Glücklich und ein wenig erschöpft stehen die Kinder zwischen den Kulissen. Aber noch ist die Generalprobe nicht zu Ende. Auch das Verbeugen der Schauspieler vor dem Publikum muß gelernt sein und mit dem Vorhangzieher abgestimmt werden. »Wir müssen uns noch für den Beifall bedanken.« Camilla zieht die Kinder und auch die beiden erwachsenen Schornsteinfeger hinter sich her auf die Bühne. Vorne an der Rampe verbeugen sie sich. Der Beifall wächst. Moritz muß noch einige Male den Vorhang öffnen.
Denn anschließend gehen alle einzeln hinaus an die Rampe. Auch das genügt noch nicht. Es gibt viele ›Vorhänge‹. Das zeigt, wie sehr den Zuschauern das Stück gefallen hat. Beim Theater wird der Erfolg an der Begeisterung des Publikums in ›Vorhängen‹ gemessen.
Schließlich kommt sogar der Regisseur Peter Rabe auf die Bühne und hinter ihm der Dirigent. Beide zeigen zum Orchester im Orchestergraben hinunter. Dann holt Peter Rabe auch die vor den Vorhang, die ihre Rollen hinter den Kulissen gespielt haben: Sascha, Jenny, Mischa und Moritz. Hat er nicht noch jemand vergessen?
Doch, den Chor. Peter Rabe legt den Finger an den Mund. Er wartet geduldig, bis es still wird. Dann winkt er den Kindern im Zuschauerraum zu. »Dankeschön!« ruft er. »Ohne euer Mitmachen wäre es nur halb so schön gewesen.«

Toi, toi, toi

»Ich habe einen Job für dich, Mischa. Ein echter Premierenjob zum Taschengeldaufbessern!« Mischa schaut sich um. Er kennt den freundlichen Herrn, der hinter ihm steht. Es ist der Dramaturg. Er war schon ein paar Mal bei den Proben dabei. »Du könntest vor Beginn der Vorstellung Programme verkaufen. Wenn du magst, hol dir gleich einen Packen in meinem Büro ab.« Mischa ist einverstanden. Er freut sich schon, wenn er seinen Freunden hinter den Kulissen berichten kann, wen er alles bei der Premiere gesehen hat.
Viel zu früh kommt Mischa am nächsten Tag ins Theater. Heute benützt er nicht den Künstlereingang wie in den vergangenen Wochen und Monaten. Er steigt die breiten Steintreppen hoch wie die Besucher, die nachher zur ersten Vorstellung der Kinderoper kommen. Dann steht er vor der hohen Glastür. Sie ist bereits aufgeschlossen. Mischa braucht viel Kraft, um sie aufzudrücken.
»Die Kasse ist geschlossen. Es ist noch zu früh«, hört er eine Stimme rufen. In der Vorhalle hängt eben ein Mann ein Plakat auf. Es ist der *Pförtner.* Mischa stellt sich ihm vor. Er erzählt, wie er zu seinem Job gekommen ist. Der Pförtner holt seine Schlüssel aus der Hosentasche und sagt zu Mischa: »Kannst mitkommen, ich muß überall aufschließen und das Licht anmachen.« Mischa läuft hinter ihm her. Unterwegs begegnen ihnen ein paar Leute. »Was machen die schon hier?« fragt Mischa. »Die Kasse ist doch noch geschlossen.« »Die gehören zum Veranstaltungspersonal«, antwortet der Pförtner. »Sie brauchen keine Eintrittskarte.«
Die *Garderobenfrauen* sorgen dafür, daß Mäntel, Hüte, Schirme, Stiefel oder große Taschen abgegeben und aufbewahrt werden. Die *Wartefrauen* tun ihren Dienst in den Waschräumen und WCs. Genauso gehören auch die *Kartenab-*

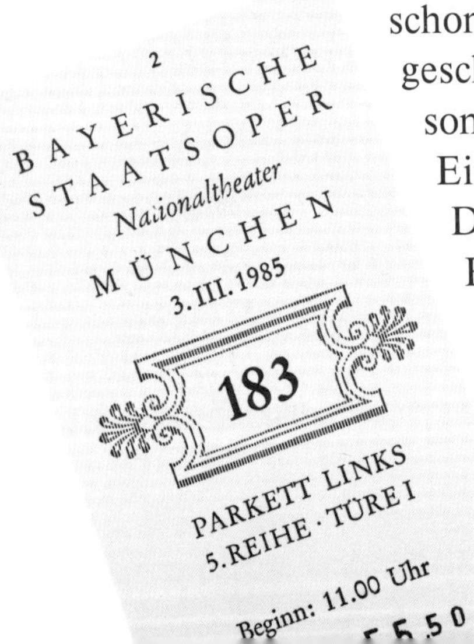

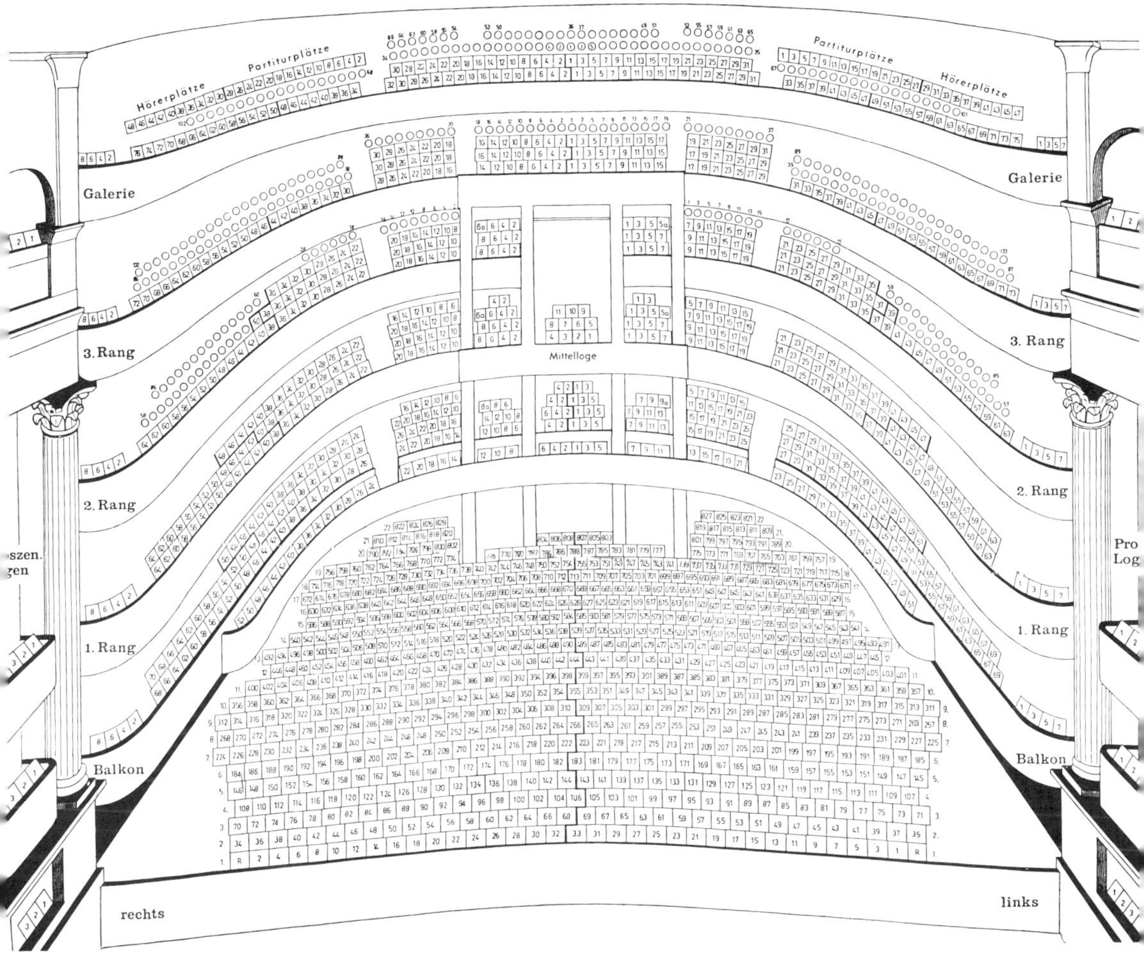

Sitzplan eines Opernhauses.

nehmer dazu. Sie stehen an den Eingängen und lassen sich von jedem Opernbesucher die Karte geben. Als Zeichen der Kontrolle wird sie ein Stück eingerissen. Direkt vor den Türen zum Zuschauerraum stehen die *Platzanweiser.* Sie sind die ›Wegweiser‹ zu den Plätzen. Ohne das Zusammenspiel all dieser Leute gäbe es jeden Abend unter den Zuschauern ein heilloses Durcheinander.

Auch wenn wirklich einmal etwas passieren sollte, ist für den Notfall gesorgt. Es gibt genügend Notausgänge, Feuerlöschgeräte und eine Sprinkleranlage. Sie funktioniert im Falle eines Feuers wie eine Dusche von oben. Auch die Sanitätskästen, die im Haus verteilt sind, werden regelmäßig kontrolliert. Sanitäter, Theaterarzt, Feuerwehrmänner und Polizeiposten stehen während jeder Vorstellung zur Verfügung.

Für die Sicherheit des Hauses ist der *Hausinspektor* zuständig. Ebenso ist er als Hausverwalter auch für Reinigung und Reparaturen verantwortlich. Zusammen mit dem Pförtner verläßt er als letzter allabendlich das Haus.

»Das Licht im Waschraum ist kaputt. Eben hat es noch gebrannt«, meldet eine Wartefrau. Kein Problem! Der Pförtner braucht nur durchs Haustelefon zu rufen. »Einer unserer Hauselektriker wird gleich da sein.« Oft hat ein einziger Mann den ganzen Tag nichts anderes zu tun, als für Glühbirnen und Sicherungen zu sorgen. Mischa kann sich das kaum vorstellen. Aber es ist so. In einem Theater, wo die meisten Räume nur durch künstliches Licht erleuchtet sind, brennen Tausende von Glühbirnen und Leuchtstoffröhren.

Der Pförtner schaut auf die Uhr. Es ist Zeit, die Kassen zu öffnen. Eine lange Schlange von Kindern wartet schon. Die Vorhalle ist von lauten Kinderstimmen erfüllt.

Vor dem ersten Ansturm der Kinder blättert Mischa neugierig im Programm. Es ist extra für Kinder gemacht. Der Dramaturg hat sich etwas einfallen lassen. Er verwendete dafür buntes Papier und schmückte das Ganze mit vielen lustigen Zeichnungen aus. Mischa kann es zu einem niedrigen Preis verkaufen. Gleich auf der ersten Seite lacht ihm ein kleiner rußverschmierter Kaminfeger entgegen. Dazu steht ein Text über die Oper ›Vom kleinen Kaminfeger‹.

Mischa blättert um. Auf der nächsten Seite findet er die Namen aller Mitwirkenden. Fieberhaft sucht er nach seinem Namen. Nein, er wurde nicht vergessen. Und auf der letzten Seite sind sogar die Lieder zu finden, bei denen die Zuschauer mitsingen. Alle Kinder, die ein Programm kaufen, werden es sicher als Erinnerung gerne mit nach Hause nehmen. Und genau das wollte der Dramaturg erreichen.

Bald steht Mischa in einem Gewühl von Kindern. Er kann nicht mehr nach bekannten Gesichtern von Freunden und Klassenkameraden Ausschau halten. Sein Kopf raucht. Kopfrechnen müßte man können! Aber auch die anderen Programmverkäufer, die Kartenabreißer und Platzanweiser haben alle Hände voll zu tun. Schon ist das *Foyer*

voll mit Menschen. In dieser großen Wandelhalle des Theaters trifft man sich vor Beginn der Vorstellungen und während der Pausen.
Das erste Klingelzeichen ist vorbei. In der Eingangshalle wird es leerer. Der Pförtner an der Kasse atmet auf. Schon längst hat er ein Schild aufgehängt, auf dem steht: »Ausverkauft!«
»Hallo, Mischa, wo ist der dritte Rang rechts? Sag schnell! Es fängt gleich an.« Maria, ein Mädchen aus seiner Klasse, rennt die paar Stufen zu Mischa hinauf. Den Mantel hat sie bereits ausgezogen. »Frag den Mann hinter der Glastür zum Foyer!« ruft ihr Mischa nach. Das zweite Klingelzeichen ertönt.
Mischa geht zur Kasse und gibt die letzten Programme dem Pförtner. Sein Geldbeutel ist zum Platzen voll mit lauter Münzen. »Kann ich nachher abrechnen? Ich muß unbedingt sehen, wie der Vorhang aufgeht«, sagt Mischa hastig. Er wartet erst gar nicht die Antwort ab.

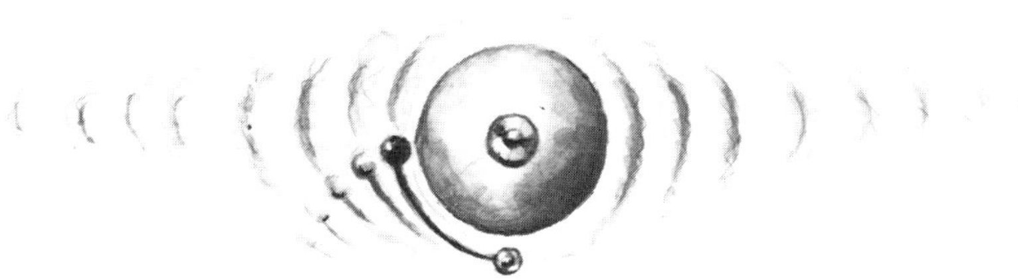

Während das dritte Klingelzeichen ertönt, rennt er die Stufen zum dritten Rang hinauf. Eben werden die Türen geschlossen.
»Deine Karte bitte?« fragt ihn der Platzanweiser. »Ich hab' keine. Aber ich bin der Mischa. Ich habe selbst am Bühnenbild mitgemalt. Im Programm steht's. Bis eben habe ich dem Pförtner geholfen.«
Wie ein Wiesel ist Mischa im Zuschauerraum verschwunden. Die Lichter sind bereits am Verlöschen. Im Halbdunkel erkennt er Maria. Er drückt sich neben sie auf den Platz. »Gleich wird Moritz den Vorhang öffnen«, sagt er atemlos. »Halt die Daumen, daß alles klappt!«
Langsam hebt sich der Vorhang. »Toi, toi, toi ...«, sagt Mischa leise. Der Begrüßungsbeifall der vielen Kinder ist groß. Mischa klatscht sich die Hände heiß. Als ob ihn seine Freunde hinter dem Vorhang hören könnten!

Nachspiel

Zweieinhalb Stunden später ist alles vorüber. Der letzte Beifall ist verklungen. Der Zuschauerraum hat sich geleert. Nun wird in der Opern-Kantine gefeiert. Man rückt Tische zusammen. Immer größer wird der Kreis. Nach und nach kommen alle, die bei der Premiere der Kinderoper mitgemacht haben. Die Schminke ist abgewaschen. Sogar Simon sieht wieder sauber und rosig aus.
Der freundliche Kantinenwirt serviert ›Premierensekt‹, garantiert alkoholfrei und kostenlos. Und nicht genug damit: Schließlich stellt er einen Riesenteller Pommes frites vor jedes Kind. »Jetzt merke ich erst, wie hungrig ich bin«, gesteht Sophie. »Vor Aufregung habe ich heute mittag keinen Bissen heruntergebracht.«
Allmählich fällt die Anspannung wie ein Heißluftballon in sich zusammen. »Die Luft ist raus! – Alles vorbei. Kompliment Kinder! Ihr habt es gut gemacht ...«, setzt Peter Rabe an. Aber nach einer feierlichen Rede ist ihm jetzt nicht zumute. Keiner würde zuhören. Es wird gelacht. Viel gibt es zu erzählen. Kreuz und quer laufen die Gespräche über die Köpfe hinweg.
Reri Marcus, die Kostümbildnerin, zupft Jakob am Ärmel. »Wenn ich nur wüßte, wer mir die Schnürstiefel von Simon vertauscht hat. Ich hatte sie wie immer vor der Aufführung zu seinen Sachen gestellt. Das weiß ich hundertprozentig! Jemand von euch Lausbuben ...«
»Danke, Herr Souffleur«, lacht Simon zu Sascha hinüber. »Ohne dich hätte ich den Anfang meines ersten Liedes nicht gepackt. Total vergessen vor Lampenfieber.«
Ein paar Bühnenarbeiter winken herüber. Sie hatten am längsten von allen noch auf der Bühne zu tun. Jetzt bestellen sie sich etwas zu trinken.
»Es hat richtig Spaß gemacht, mit euch zu singen«, sagt Camilla, die junge Sängerin. »Und ich wünsch' uns allen zusammen noch viele, viele Aufführungen!«

»Mal sehen, was die Herren Kritiker in den Zeitungen sagen«, meint der Dramaturg. »Ich werde jedenfalls die Ausschnitte sammeln. Sie kommen zusammen mit den Fotos, die bereits während der Proben geschossen wurden, in mein Archiv. Jeder von euch kann sie sich dort anschauen.«
Zwei Tage später erscheinen endlich die Kritiken in verschiedenen Zeitungen der Stadt. Bereits die Überschriften verraten, wie gut diese Aufführung angekommen ist. ›Eine tolle Sache, diese Opern-Werkstatt! Kinder schaut's euch an‹ kann man da lesen. Die Begeisterung über das neue Stück spricht sich herum. Auch die nächsten Vorstellungen finden vor vollbesetztem Haus statt.
Ein paar Wochen später steht Peter Rabe zum letzten Mal auf der Bühne hinter dem Vorhang. Noch einmal schaut er vor Beginn der Vorstellung durchs Guckloch. Wo er hinschaut, sieht er erwartungsvolle Kindergesichter. Fröhliches Stimmengewirr füllt den großen Zuschauerraum. Wie immer ist das Haus auch heute ausverkauft. Wer hätte das gedacht, als vor einigen Monaten das Bühnenabenteuer begann?
Der Abschied von der Kinderoper wird allen schwerfallen. Peter Rabe wird eine andere Inszenierung an einem anderen Theater übernehmen. Mit Erwachsenen natürlich. Und seine kleinen Schauspieler werden wieder, wie bisher, zur Schule gehen und Fußball spielen. Aber sie werden einander nicht vergessen.

Ganz bestimmt nicht.

Opernwerkstatt von A bis Z

(*Kursive Zahlen* beziehen sich auf Abbildungen, f. = und folgende Seite, ff. = und weitere Seiten)

Abbildungsverzeichnis

Seite 11 Benjamin Britten. In: Donald Mitchell / Hans Keller (Hrsg.), Benjamin Britten. A Commentary on his works from a group of specialists. Rockcliff Publishing, 1952.
Seite 25 Chefinspizient Horst Wruck, Bayerische Staatsoper, München. Foto: Anne Kirchbach, München-Starnberg.
Seite 29 Bayerische Staatsoper, München. Foto: Anne Kirchbach, München-Starnberg.
Seite 30 Staatstheater am Gärtnerplatz München. Foto: Ossi Baumeister, München.
Seite 31 Benjamin Britten, The Little Sweep. The Opera from »Let's Make an Opera!« Boosey & Hawkes, London 1950.
Seite 33 Bayerische Staatsoper, München. Foto: Christel Woidich, München.
Seite 37 Elisabeth Connell in »Macbeth« von Giuseppe Verdi, Bayerische Staatsoper, München. Foto: Christel Woidich, München.
Seite 40 Bayerische Staatsoper, München. Foto: Christel Woidich, München.
Seite 43 Bühnenmodell von Ruedi Barth zu »Banditenstreiche« von Franz von Suppé, Staatstheater am Gärtnerplatz, München. Foto: Ossi Baumeister, München.
Seite 47 Bayerische Staatsoper, München. Foto: Christel Woidich, München.
Seite 50 Prinzregententheater, München. Foto: Christel Woidich, München.
Seite 55 Prospekt von Theatermaler Friedrich Koburger nach einer Vorlage aus der Barockzeit. Bayerische Staatsoper, München. Foto: Christel Woidich, München.
Seite 57 Bayerische Staatsoper, München. Foto: Ossi Baumeister, München.
Seite 60 Bayerische Staatsoper, München. Foto: Christel Woidich, München.
Seite 61 Bayerische Staatsoper, München. Foto: Ossi Baumeister, München.
Seite 80 Bayerische Staatsoper, München. Foto: Anne Kirchbach, München-Starnberg.
Seite 82 Kascheurarbeiten von Leopold Penz und Anton Zandernell zum Bühnenbild von Jörg Koßdorff zu »Orpheus ex machina« von Ivan Eröd, Vereinigte Bühnen Graz. Foto: Wolfgang Veit, Graz.
Seite 85 Staatstheater am Gärtnerplatz, München. Foto: Ossi Baumeister, München.
Seite 62 Wiener Darstellung der Wolfsschlucht in »Der Freischütz« von Karl Maria von Weber. Deutsches Theatermuseum, München.
Seite 63 Tonmeister Dieter Behne am Tonpult, Bayerische Staatsoper, München. Foto: Ossi Baumeister, München.
Seite 64 Maschinerie für einen Seesturm. Aus: Diderot / d'Alembert, Encyclopédie, Paris 1722, Recueil de Planches sur les sciences, Vol. X.
Seite 65 *Oben:* Wasserfallkonstruktion aus dem 18. Jahrhundert. Aus: Bühnenzauber des Barocktheaters, Druckhaus Bayreuth.
Unten: Schwimmwagen für »Das Rheingold« von Richard Wagner, Bayreuth 1876.
Seite 67 Regisseur Dieter Dorn bei einer Bühnenprobe mit Bodo Brinkmann zu »Wozzeck« von Alban Berg, Bayerische Staatsoper, München. Foto: Anne Kirchbach, München-Starnberg.
Seite 71 Benjamin Britten, Wir machen eine Oper. Ullstein Taschenbücher, 1959.
Seite 74 Bühnenprobe, Staatstheater am Gärtnerplatz, München. Foto: Ossi Baumeister, München.
Seite 76 Requisitenmeister Franz Mojzis in der Requisitenkammer. Bayerische Staatsoper, München. Foto: Anne Kirchbach, München-Starnberg.

Seite 87 Bayerische Staatsoper, München. Foto: Anne Kirchbach, München.
Seite 91 Maskenbildner Jürgen Rasche und Solist Renato Brüson, Bayerische Staatsoper, München. Foto: Anne Kirchbach, München-Starnberg.
Seite 95 Bayerische Staatsoper, München. Foto: Anne Kirchbach, München.
Seite 98 Beleuchtungsmeister Peter Schween in der Beleuchterloge, Bayerische Staatsoper, München. Foto: Anne Kirchbach, München-Starnberg.
Seite 99 Bühnenbild von A. Schinkel »Königin der Nacht« zu »Die Zauberflöte« von Wolfgang Amadeus Mozart. Theatermuseum, München.
Seite 102 Souffleur Jens Johannsen am Markgrafentheater, Erlangen. Foto: Bernd Böhner, Berlin.
Seite 107 Bühneninspektor Günter Costa im Maschinenraum. Bayerische Staatsoper, München. Foto: Ossi Baumeister, München.
Seite 115 Sitzplan der Bayerischen Staatsoper, München.
Seite 118 Bayerische Staatsoper, München. Foto: Anne Kirchbach, München-Starnberg.

Folgende Bühnen haben mich bei der Arbeit an diesem Buch unterstützt:
Bayerische Staatsoper, München, Staatstheater am Gärtnerplatz, München, Städtische Bühnen Dortmund, Vereinigte Bühnen Graz.
Mein Dank gehört aber auch all denen, die persönlich und unmittelbar zur Entstehung dieses Buches beigetragen haben. Sie waren bereit, den Kindern von ihrer täglichen Arbeit am Theater zu erzählen, ermöglichten uns Besuche vor und hinter den Kulissen, gaben Einblicke in die Probenarbeit. Neben den vielen hilfsbereiten Menschen, die uns auf der Bühne, in Büros und Werkstätten begegneten und deren Namen uns leider unbekannt geblieben sind, seien einige besonders erwähnt:
Professor Sawallisch, der sich bereit erklärte, das Vorwort für dieses Buch zu schreiben.
Peter Rasky, der Regisseur, der an den Städtischen Bühnen in Dortmund Benjamin Brittens Oper zusammen mit Kindern inszenierte. Dr. Edgar Baizel, Dr. Krellmann, Dr. Held, Herr Costa und Herr Grosser von der Bayerischen Staatsoper, München.
Herr Ebecke und Herr Schut vom Staatstheater am Gärtnerplatz, München. Ein besonderes »Dankeschön« den Fotografen für ihre engagierte Arbeit: Ossi Baumeister, Anne Kirchbach und Christine Woidich. Dorothée Kreusch-Jacob.

Inhalt